可复制的领导力

樊登的 9 堂商业课

樊登 —— 著

中信出版集团·北京

图书在版编目（CIP）数据

可复制的领导力：樊登的9堂商业课/樊登著. --北京：中信出版社，2018.1（2022.3重印）
ISBN 978-7-5086-8246-4

I. ①可… II. ①樊… III. ①企业领导学 IV.
①F272.91

中国版本图书馆CIP数据核字（2017）第248253号

可复制的领导力——樊登的9堂商业课

著　　者：樊登
出版发行：中信出版集团股份有限公司
　　　　　（北京市朝阳区惠新东街甲4号富盛大厦2座　邮编　100029）
承　印　者：唐山楠萍印务有限公司

开　　本：880mm×1230mm　1/32　　印　张：9　　字　数：202千字
版　　次：2018年1月第1版　　　　　　印　次：2022年3月第58次印刷
书　　号：ISBN 978-7-5086-8246-4
定　　价：49.00元

版权所有·侵权必究
如有印刷、装订问题，本公司负责调换。
服务热线：400-600-8099
投稿邮箱：author@citicpub.com

目 录

序　一　管理有标准//陈春花　　VII
序　二　领导力可以习得//傅　盛　　XI
自　序　我看出来了，你的短板就在领导力！　　XIII

第1章　80%的管理者能达到80分　　001

过去企业管理员工，靠的是严格约束；现在企业管理员工，靠的是相互吸引。一个有野心的管理者，需要将每名员工变成团队的战略合作者。

人人都能学会领导力　　003
领导力是可以标准化的　　014
提升领导力的四重修炼　　021

第 2 章　明确角色定位，避免亲力亲为　029

管理者的使命是培养员工，打造有战斗力的团队，而不是将员工的工作都加在自己身上，越俎代庖，事事参与。衡量一个管理者能力的高低，就是看他能培养多少能干的人才。

管理就是通过别人完成任务　　031
学会授权，别怕员工犯错　　036
管理者的三大角色　　042
优秀管理者都是营造氛围的高手　　049

第 3 章　构建游戏化组织，让工作变得更有趣　057

伴随着互联网成长起来的新一代员工，金钱和梦想已经不是吸引他们工作的最重要的理由，让工作变得有趣或许是一个不错的方式。

设定明确的团队愿景　　059
制定清晰的游戏规则　　065
建立及时的反馈系统　　071
自愿参与的游戏机制　　076

第 4 章　理清关系，打造团队一致性　085

团队不应被称为"家"，而应是一支球队，大家聚在一起是为了进步，为了赢得最终胜利。唯有如此，才能将团队打造成激烈商战中无坚不摧的铁军。

团队就是"球队"，目标就是"赢球"　087
把你要员工做的事，变成他自己要做的事　095
前员工是熟人，而非路人　099

第 5 章　用目标管人，而不是人管人　107

目标是一切管理的基础和开始。对于个人来说，目标是内心坚不可摧的精神支柱；对于企业来说，目标是推动企业发展的最大驱动力。

企业管理，说到底就是目标管理　109
目标管理的四大难题　115
明确量化的目标才是好目标　122
套用公式制定团队目标　128
目标管理的标准化　133

第 6 章　利用沟通视窗，改善人际沟通　　**137**

人际沟通的信息就像一扇窗，分为四个象限，有效沟通就是这四个象限的有机融合。

隐私象限：正面沟通，避免误解　　139
盲点象限：利用反馈看到自身局限　　151
潜能象限：不要轻视每一名员工的潜能　　158
公开象限：让员工尊重你，而不是怕你　　164

第 7 章　学会倾听，创建良性的交流通道　　**171**

倾听是沟通的基础，善于倾听的人才能当个好领导。倾听不能止于听，在听的过程中要对信息进行解析，并给出积极的回应。

用心倾听，建立员工的情感账户　　173
倾听的要点是吸收对方的信息　　181
肢体动作比语言更重要　　191
用认同化解对方的失控情绪　　198

目录

第8章　及时反馈，让员工尊重你、信任你　205

激励可以让员工业绩翻倍，训斥会让员工陷于低迷，不同的反馈技巧结果千差万别。能够接受和给予反馈，是管理者保持竞争优势的关键能力。

别用绩效考核代替反馈　207
警惕"推理阶梯"，避免误解和伤害　212
通过正面反馈，引爆你的团队　220
负面反馈时，对事莫对人　230

第9章　有效利用时间，拒绝无效努力　241

管理者只有科学地安排好事务的处理顺序，才能使工作效率的提高成为可能。涉及团队协作时，管理者要有激发成员的热情和创意的能力，以提高整体决策的效率和质量。

把时间用在关键要务上　243
告别气氛沉闷、效率低下的会议　253
如何正确又高效地做决策　260

V

序 一

管理有标准
——《可复制的领导力》的启发

从管理幅度的有限性来说,任何管理都是团队管理。虽然团队的层次不同,但团队管理的内容仍然离不开计划、组织、指挥、协调、控制等职能。管理并不复杂,就是这些事情,做得高明,就是大师。人们津津乐道的往往是大师们的惊心动魄和神来之笔,耳濡目染之中往往忽视了那些基础而扎实的工作。但很多企业,就是这些基础的事情没有做到位,有损团队的事业,吃了大亏,即使站位到风口也会掉下来。

正如本书所揭示的,这些管理的基础工作,经过了百年来现代管理学的研究,已经形成了一套基本规范，有一套标准化的操作方法。举个简单的例子，你天纵英才，某些时候也想听听大家的意见，那么如何启发大家发挥创意、畅快表达？头脑风暴就是耳熟能详的技术，但大家掌握动作要领了吗？动作规范没变形吗？是不是或拘谨或对抗，难以达到效果呢？还是好好复习下这套标准化的动作吧。再比如，当你收集到足够多的创意后，如何分析评估并做出决策呢？我们可以使用"六项思考帽"这个工具，采用平行思维的方法，将团队智慧整合起来，避免将时间浪费在无意义的争执上，高效率地做出有价值的决策。

围绕着管理的各项职能，书中还提供了很多可以借鉴和参考的标准化工具，比如如何进行目标管理、如何进行团队沟通、如何倾听。虽然介绍并不完整和体系化，但能带来实实在在的帮助。如果作者能在这方面做出更多的思考和整理，一定会带来更大的贡献。

这样一些基础性的管理工具，是成为管理者的基本功课，不能保证带来事业上的辉煌，但能使管理者更专业。有些管理者喜欢自己琢磨，形成自我欣赏的做法，往往也很有效。只是，他们不自知的是，他们琢磨出来的"创见"，其实早已被总结并规范化了，他们只不过再"发明"了一次，这种自我满足感和付出的时间成本是否匹配，就见仁见智了。

我们欣赏那些明星企业家，研究他们，但不可模仿他们，因为我们还有很多基础性的标准化的功课没有做。作者能够以自己创业的亲身管理经历撰写这本书，尤其是在强调基础管理的部分，的确有其独到之处，请读者借助这本书，脚踏实地，好好练练基本功吧。

陈春花
北京大学国家发展研究院管理学讲席教授
华南理工大学工商管理学院教授
2017 年 10 月 20 日于朗润园

领导力可以习得

樊登的声音是经常陪着我睡觉的,有幸推荐他的大作,实感荣幸。

当然,他的声音陪我睡觉不是因为我有啥取向,只是因为我是樊登读书会的忠实会员。在这个知识大爆炸的时代,越来越有一种惶恐感,生怕被这个时代无情地甩下,所以总是抓紧时间学习知识,升级自己的认知。

可是,学到的知识越来越多,又开始有一种悲哀感:原来最年轻、学习力最强的时候,我们学了太多错误的东西,理论构架错误,导致到了这把年纪还需要清空很多观念才有机会重构生长。

这些错误的东西包括:只要努力就能成功;领

导力是一种艺术；性格决定命运；牛顿是因为苹果砸在头上获得启发才发现了万有引力；马云在厕所里融到了几千万美元，之后飞黄腾达，等等。

总之，要么鸡汤，要么灵感，要么天注定。没有逻辑、方法、推导、概率判断等一套科学的思维体系。

其实，作为社会化的智慧生物，人是具备很强的自我改造能力的。只要坚信方法论的有效性，构建起自己的科学思考逻辑，我们完全可以通过自己的刻意练习，获得很多看起来传奇的能力。

这本书想讲的也是这么个道理，领导力其实并不是某些人具备的一种天赋，也不是一种不可意会的艺术，而是人人都可以掌握的一种能力，和学习语文、数学在本质上没什么区别。

更重要的是，随着互联网的普及，每个人都变成了一个节点，即便你不是职场领导，也同样需要领导力在社会上彰显你的价值。因此，非常建议大家认真阅读此书，相信自己也能铸就和那些大老板比肩的领导力。

王侯将相，宁有种乎？

傅盛

猎豹移动首席执行官

○ 自 序

我看出来了,你的短板就在领导力!

我讲了十年领导力的课程,一直有一个不可触碰的问题在教室里徘徊,就好像客厅里人人看不见的大象一样。那就是:"如果你讲的课程那么有用,为什么自己不去搞个企业?"我在私下里听EMBA(高级管理人员工商管理硕士)的同学调侃说"EMBA就是一群没有挣到钱的人教一群已经挣到钱的人怎么挣钱"。当然,张良并没有创业,但他可以教刘邦当皇帝;德鲁克只是个旁观者,却给了斯隆很大帮助。老师可以用"志不在此"解释,但这个现实又低智商的社会就是喜欢简单联想,听起来有道理的粗话常常可以获得最大多数的拥趸。

我一直笃信我讲授的领导力课程是有效的。能否赚钱这件事在很大程度上与机遇、勇气、情商有着更大的关系，所以很多没怎么读过书的人能够毫无负担地成为暴发户，进而获得更强的信心和更大的赌注。但有没有领导力还是一眼就能看出来的。看什么呢？你就看他的痛苦指数。每创造一百万元价值所需要让自己和他人付出的痛苦量，就能够衡量他的领导力。就像我们小时候上学一样，玩命学习成就的学霸不新鲜，开开心心考上哈佛的才是凤毛麟角。社会是对教育的复制，因为教育教给我们要想获得成果就要付出代价，所以大部分人在工作时也都接受了这个"必要之恶"的前提。不信，你看多少企业家都是一副咬紧牙关的样子。"今天很痛苦，明天更痛苦，后天很美好……"都有点儿曹孟德望梅止渴的意思。我接触过很多创业者也看样学样，恨不得把自己和员工都压榨出鲁花花生油来，还美其名曰"创业精神"！创业者本人打心眼里就不接受幸福和财富是可以兼得的，所以压根也没觉得这样做有什么不对。

  我们的成长经历决定着我们的领导力来源。一般来讲，父母、老师、老板，就是我们学习领导力的对象。从小学到大学并没有专门的领导力课程，所以模仿成了我们唯一的途径。你盯着员工加班的样子，像不像你妈妈坐在你身后看你写作业的画面？你批评团队缺乏动力的语气，像不像你们老师说"你们是我教过最差的一届"！至于你的老板，他也许就是个经理人心态，勤奋敬业、亲力亲为是他的座右铭，所以你也就学会了一招，凡事成为员工的表率。我不是说这招不对，只是不够。我在系统学习领导力课程之前就是这样，虽然在上学

自　序　我看出来了，你的短板就在领导力！

时也做过学生会主席，但完全不知道带领一个团队的章法。那时候我创业做了一本杂志，为了不辜负股东们的期望，市场、发行、广告、团购我都全力以赴。作为总经理，经常和大家一起冲在第一线，搞定一个又一个大的小的客户。我甚至还算过这本杂志有多少客户是我亲自谈下来的，并以此为荣。后来，杂志倒了。因为我没有培养出一个好的业务员。我甚至连怎么管理我家的小狗都遇到极大的困难。一点儿都不夸张，真的是极大的困难。不堪回首啊！

每个创业者所面临的问题跟我当年一模一样。对人性缺乏基本的了解，不知道团队的生命周期，沟通时想怎么说就怎么说，除了任务指标之外，别的都无所谓。所以给自己和团队制造大量的痛苦是一定的啊！你只知道自己玻璃心需要关怀，觉得别人都应该是女汉子、机器人。你以为融到第一笔资就好了，上市了就好了，被孙宏斌收购了就好了……你都考上最理想的大学了，又怎么样呢？拜托你，醒一醒。爱因斯坦说"持续不断地用同样的方法做同一件事情，却期望得到不同的结果，这就叫荒谬"！只有换方法，让价值观升级，才有可能破局，走上另一条道路。

我在讲了几百遍《可复制的领导力》课程之后真的已经滚瓜烂熟了，领导力的思维习惯和工具已经融入我的血液，成为我生活的一部分。我先是试着用它来管儿子，很管用：几乎没有让我生气操心的机会，孩子按照我们共同的愿望健康成长。我也试着用这种思维帮助身边的朋友管理团队，很管用：团队的气氛得到大幅改善，朋友们纷纷纷送我股票以示感谢。后来我想，不如我自己创业试试吧。如果这次还不成功，那以后这个课干脆也别讲了。于是我创办了"樊登读书会"。不到三年的时间，发展了将近300万会员，分会遍布全球。前几天我在美国出差，办机票的时候遇到会员，在斯坦福大学校园里遇到会员，在一个湖南小餐馆吃饭，隔壁桌的竟然也是会员。我还不是很习惯大家都听说过樊登读书会的状态，那天听说分众传媒的创始人江南春在长江商学院演讲时说"樊登读书会是中国高端人士的标配产品"！素未谋面啊，这样强力代言，真好！这其中最让我开心的不是这点成绩，而是我的工作状态。我的团队在上海，我一个人在北京。我几乎两个月才去一次公司，主要是和CEO（首席执行官）以及高管团队吃个饭，开个会。我的主要工作是读书、养生和旅行。我们的团队以90后为主，CEO年纪稍微大一点，1986年出生的。就是这样一群从没有过创业和在大公司工作经验的孩子，创造着每年1000%的发展速度。而且最重要的是，快乐！这一次我没有亲力亲为，而是依从德鲁克说的，管理就是最大限度地激发他人的善意。我相信团队中的每个人都不愿意成为被奴役的打工者，我所要做的只是让他们相信自己是有能力成为自己的主人的。不迷信任何条条框框，不看重任何成功背景。我们只相信一点，学习可以改变自己。不会就学，学了就用，错了就改，就看谁快。我在读书会里讲的每一本书，都是为了我的团队而讲。他们会学习，分会也会学习。分会不仅仅是我们的代理商，我们更把他们看作创业共同体。我们的书也是为他们而讲。所以这是一个自下而上获取行动力，自上而下获取知识的创业生态圈。

当所有人都在祝贺我赶上了这波"知识付费"的风口的时候，我一般不表态，心里说，哪有什么风口？那么多做知识付费的企业，都被吹了上天吗？领导力才是决定一个团队能走多远的重要指标之一。在本书里所展示的，是我们团队使用和奉行的管理方法和工具。没错，领导力就是工具包。一点儿都不神秘，就是怎么和人说话，怎么表扬人，怎么批评人，怎么布置工作，怎么开会，怎么创新……全都有工具，第一步，第二步，第三步。按照步骤做，一开始有点儿不适应，觉得不如随意发挥来得痛快，但时间一长，你就成为一个有领导力的人啦！查理·芒格说打高尔夫球的时候你不能按照自己的本能来打，你得学点儿专业技术，做其他的事也一样。如果你做什么都希望随心所欲，不愿意刻意练习，你就永远生活在一个低水平重复的世界里。现在有一句话很流行，叫作"勤奋的懒惰"。对，不学习领导力的工具，就是勤奋的懒惰。

第 1 章

80% 的管理者能达到 80 分

过去企业管理员工,靠的是严格约束;现在企业管理员工,靠的是相互吸引。一个有野心的管理者,需要将每名员工变成团队的战略合作者。

人人都能学会领导力

在当下的信息时代，领导力已成为一个大众话题，学者有学者的定义和内涵，管理者有管理者的理解，普通大众也有普通大众自己的感受！我在讲领导力时，首先讨论的则是这样一个话题：领导力是坐在教室里听课、看视频课程，或者读我写的这本书就能学会的吗？

通常我在问这个问题时，有人会笑着摇头，也有人会起哄说"肯定不能"。很奇怪，明知道领导力学不会，为什么有人还要花钱去上类似的课程呢？其实，大家的回答折射出两个问题：其一，领导力太重要了，人人都渴望拥有领导力；其二，虽说很多人心里觉得学不会，但因其重要，一旦遇上某个走方游医故作神秘告诉他"我家有祖传的领导力的秘籍哦"，就会一边骂着"骗子"，一边抱着"死马当活马医"的心态来报名上课！

我要告诉大家：领导力的方法与技巧，每个人都可以通过学习来掌握，无论学习方式是看书、听课还是看视频！别撇嘴，我知道你的意思——又一个江湖卖大力丸的！但这次你凑巧找对了人！

"领导力能否通过学习加以掌握？"这个问题的本质是东西方思维习惯的差异。在大多数东方人看来，领导力要么是一种与生俱来的天赋，要么需通过长时间的管理实践打磨而得。你看，我们中国企业在培养"干部"时，都是先挑人，看看学历、履历，观察一下谈吐、反应，问问思路，好，整体不错，那就是后备干部了！人选确定后，放到基层锻炼一下，熟悉一下基本业务；找机会提拔一下，给个合适的职位继续锻炼；待到天时（管理者换届）地利（熟悉团队业务）人和（个人管理能力成熟），就可以独立负责某个具体部门了。

这种模式看似万分妥帖——熟悉基层业务，将来下级汇报时不能蒙混过关；带过团队，处理过问题，锻炼了经验、智慧，还长了手段！好了，这五六年一过去，你看着他成长了，可以给他安排更重要的担子了，但狼来了——他可能想自己单干了，他可能被隔壁老王看上挖走了！对于这种后备干部的流失，老总无疑是最心疼的，且不说位置没人能立刻顶上来，更重要的是他很可能会带走你的客户和核心技术，甚至是你的骨干团队！要知道很多企业正是在重要人才流失之后一蹶不振，乃至一败涂地！

难道这就是企业培养管理人才的宿命吗？先别急着发问，让我们来看看像IBM（国际商业机器公司）、宝洁、强生等大型跨国公司的情况，或许你会自己找到答案。这些大型跨国公司号称"中国企业高管的摇篮",人才的流失情况可能比中国本土企业更严重,但你很少听说宝洁公司因为一个大区经理离职,这块区域市场就被"雕牌""立白"等中国企业给占了的事情,也不会出现郭士纳离任后IBM就垮了的情况。这些企业随时都会有合格的管理者站出来,填补空缺职位,让企业在短时间内恢复正常运营。对比国内的企业,特别是民营企业,因为某营销副总离职而导致业务崩盘,或者某研发负责人离开而导致整个产品开发泡汤的情况屡见不鲜!两相比较,高下立判!

同样的管理者离职风波,为什么会出现两种截然不同的局面?这是一个值得所有中国企业管理者深思的关键性问题,这个问题如果搞不明白,你的企业会一直陷入重复培养管理人才的泥沼,自保尚且无力,更别提跨界、转型与野蛮生长。个中关键,其实在于东西方文化对于培养人才的观念和方法的不同。

中国的教育观和用人观,普遍认为起源于孔子。孔子的学生据说有3000人,其中精通"礼乐射御书数"六艺的有72位,即"三千弟子,七十二贤人",其中不少人成为当时各国政坛的风云人物。孔子最为人所熟知的教育理念有以下两点。

1. 有教无类

在孔子以前,所谓教育主要是贵族子弟聘请老师来家辅导,没有学校。孔子创办了真正意义上的"学校"。他的学生中既有贵族孟懿子、司马牛,也有最底层的贱民冉雍和子张;有大贾子贡,也有穷人颜回；有北方的子夏，也有南方的子游；有比孔子小 50 岁的叔仲会和公孙龙，也有仅比孔子小 4 岁的秦商和小 9 岁的子路；有跟了他一辈子的颜回，也有边工作边学习的子夏和子游，更有不时跑来请教问题的诸侯、官员和鄙夫。子贡说："夫子正自身以待来者。"想来的人不拒绝，要走的人不阻止。

2. 因材施教

子路问孔子："闻斯行诸？"孔子说："有父兄在，如之何闻斯行诸？"意思就是子路跑过来问孔子："我听到一个事就要去干，行吗？"孔子说："有你爸爸哥哥在，先问他们再说。"

冉求也问了同样的问题，孔子说："闻斯行之。"就是说那还等什么，赶紧去做啊。

听到夫子不同回答的公西华傻眼了，就问孔子为什么一个问题两个答案，弟子我很分裂啊。孔子对他说子路这个人很莽撞，而冉求这个人很犹豫，你明白了吧！

这并不是孤例。颜回的修养足够好，孔子就鼓励他要多提意见，而婉转地批评子贡要加强修养，少批评人。

孔夫子是我个人的偶像，也是我国最著名的大思想家和大教育家，被誉为"万世师表"，甚至有"天不生仲尼，万古如长夜"的说法,被历代帝王尊为"至圣先师"!但人无完人,孔子最大的问题,其实就在于他的教学方法!

且让我们试想一下,这样的画面何其熟悉:

早上众弟子环伺左右,孔子净手后先弹琴,课前音乐一过,舍瑟而坐:君子易事而难说,小人易说而难事。讲完了然后看看众弟子,谁笑容满面,谁就是那个得道者!当然,这样的画面是我脑补出来的,但从《论语》的很多记载来看,我相信这就是孔子的日常授徒模式!

无疑这是一套相当有用的方式。其一,它能帮助老师识别谁是聪明人和用心人;其二,老师"点到为止",全靠学生"悟"的功夫!虽然"悟"有助于个体发展主动认知水平,但既然是悟,就缺乏唯一性,比如上文因材施教的例子,就会让旁边弟子糊涂。其实,如果孔子把"是不是听到就去做"这个问题给说透了,比如我反对"闻斯行诸","行"之前必须要考虑到"人员素质能力如何、客观条件具备与否、后果是否可控"三个方面,如果这三个方面都具备,那么就去做吧。这样,莽撞的子路和审慎的冉求都能对照行之,而公西华也不会感到困惑。

反观西方,与孔子同一时代也有一位大思想家柏拉图,他的教育观与孔子就大不一样。

柏拉图的一个学生曾问他:"人的定义是什么?什么样的才可以称之为人?"

柏拉图说:"人就是无毛的两脚动物。"

学生琢磨了一下,拿来了一只拔光毛的公鸡放在柏拉图面前,对他说:"这只鸡符合无毛、两脚的定义,但是显然它并不是人。"直接推翻了柏拉图关于人的定义。

精彩吧,柏拉图的定义显然没有抓住人的核心特征,所以被学生的去毛公鸡打败了!无独有偶,赵本山和宋丹丹曾经引用过一个网络段子,给我留下了极深的印象。

宋丹丹问:"要把大象装进冰箱,总共分几步?"赵本山答不上来,宋丹丹给出的答案是:"第一步,把冰箱门打开;第二步,把大象装进去;第三步,把冰箱门带上。"

这个段子可乐吗?挺可乐的,答案看起来十分愚蠢,说与没说一个样。可是除了这样做,还能怎么做呢?要知道这可是程序员的标准思维。质量管理领域著名的"六西格玛",它的主要流程就是四步:第一步,发现问题;第二步,分析问题;第三步,解决问题;第四步,反馈。西方人管理企业就是按照这四步走,看似机械却极为有效。

我们总结来看，无论是柏拉图的"无毛的两腿动物"还是"大象进冰箱的三步法"，它们相对于孔子的中国式"悟道"有以下三方面不同。

1. 具体性和标准性

西方人无论讨论的事物还是给出的答案都十分具体且标准化，所以具有讨论是非的基础；而中国式"悟道"讨论的则是抽象、宏观、大而化之的问题，很难具体和标准化。

2. 思维方式

西方人善用分析思维（逻辑思维），而中国式"悟道"则长于综合思维。逻辑思维的好处是后人可以在前人的基础上去发现问题，或者质疑前人的观点，从而推进一个体系的整体进步；而综合思维往往关注的是宏观问题，一旦大贤大哲雄踞于此，后人就只有高山仰止的份了。

3. 受众群体

普通人可以在西方的逻辑思维体系里稳步前进，但很难在综合思维里"悟道得道"。

那么，这两种截然不同的思维方式，带来的结果又是如何？

在中日甲午战争之前，中国的GDP（国内生产总值）长期居于世界第一。中国领先了世界两千多年，很大一部分因素就是孔子倡导的人才观和教育方式。在这种观念的影响下，聪明人成为精英阶层，推动社会运转；普通人则安贫乐道，过起了小日子。这种做法在农业社会非常有用：农业社会需要大量的劳动力，他们不需要去思辨与分析，也不需要多高的知识水平，按照精英阶层的规划推动社会潮流即可。

那么，后来中国为什么不能继续领先于世界，并且前后经历了一百多年的屈辱历史呢？英国汉学家蓝诗玲在她的《鸦片战争》一书中提到，英国发起战争的原因之一，就是当时已经号称"日不落"的大英帝国发现，无论他们挣多少钱，90%都得换成白银流入中国。原因何在？因为茶饮、瓷器与丝绸在英国贵族社会普遍流行，这要归功于我们精致的农业文明！其时，英国已经完成了工业革命，进入了工业社会，而工业社会的发展依赖于社会分工。

以制衣为例。要制作一件简单的衣服，通常情况下需要几个部门的分工协作：棉纱厂将棉花纺成纱线，织布厂将纱线织成布匹，服装厂将布匹裁成衣服。在整个制衣流程中，每个工人的专业素养对衣服质量都有影响，而且对自身来说也意味着不同的收入水平。不仅是工人，每个工厂也都想方设法提高生产工艺，以便制作出更好的成衣制品，获取更高的回报。

工业时代，个人素质大幅提升，科学技术也相继出现了重大突破，英国人造出了世界上最先进的坚船利炮，开启了海外殖民道路。与此同时，中国拒绝学习先进科技，还在"天朝上国"的美梦中昏昏欲睡，最终酿致一百多年的屈辱历史！

时至今日，很多中国人对西方制造的东西依然格外青睐，这种"崇洋媚外"深层次的原因则是对国外人员、工艺、流程和管理水准的信任。我们深知他们的人员受过更多的培训，流程上有更好的要求，每一道工序都值得信赖。难道是西方人普遍比中国人聪明吗？当然不是，真正的原因是他们普遍拥有较高的培训水平和管理能力。

有人曾反驳我说，现在已经是21世纪，当下的中国与孔圣先贤的时代完全不同，中国和西方发达国家的差别并不大，中国企业的员工素质水平也在逐步提升！没错，我们国家已经成为世界第二大经济体，我们的硬件水平，特别是信息技术软硬件环境已经位于世界前列，我们的"新四大发明"（高铁、支付宝、共享单车和网购）让老外羡慕不已！但我们的教育理念、人才开发理念还有极大的提升空间。

几年前我回老家，见到了我的高中老师，老师说了一段话让我既感动又诧异。当时，在我们班的70多个学生中，我的成绩名列前茅，按照现在的说法就是标准的"学霸"！结果老师说："就是你们这些好学生让我操碎了心！"

听到这样的说法，你们是否觉得诧异？按理说是为那些"学渣"操心才对。我十分不解，便让老师解惑，老师给我举了一个例子。

我们上早自习时，老师经常在教室里边转边数："清华北大复旦交大……"数够15个能上好大学的，他才能安心地去吃早餐。

我连忙问道："那15名以后呢？"

"15名以后只要别捣乱，别影响我这前15名就行！"老师的回答掷地有声。

"爱才如命"的，肯定不止我的高中老师一人，这是社会的普遍现象。其实中国相比欧美发达国家，从来不缺有钱人和聪明人，缺的是整体国民素质。所以，才会出现一旦公司里的管理者离职，就给整个公司带来灭顶之灾的事情，原因是能顶上来的人太少了！

中国其实并不缺乏有才华的人，只是在现有培养模式下，有才华的人光芒太强，这对团队组织而言非常不利。企业的运营变成少数几个高层管理者的事，与普通员工关系不大。也就是说，普通员工的整体管理能力还有巨大的提升空间。

产生这种局面的源头，实际上是东西方人解决问题的不同思维方式。东方人依赖个别能人的实力，没有能人就无法完成任务；西方人则注重标准化，认为只要按标准操作，一切任务都可以完成。说回领导力的话题，西方企业主张管理能力由一个个工具组成，可以进行标准化，普通人通过训练也可以轻松拥有，让我们在下一节中具体聊聊领导力的标准化问题。

领导力是可以标准化的

说到领导力的标准化问题,我们需要先看一下:什么是领导力?在日常工作中,领导力究竟如何体现?管理者的日常工作无非就是跟员工开个会,表扬一下工作努力的员工;为了达成业绩,鼓舞一下士气;出差时,给员工一些小小权力,告诉他们什么时候可以自己做主;遭遇运营瓶颈时,带领大家研究怎么创新等等。这些都是管理者最熟悉的工作场景。

那么请问,大家在做这些工作的时候,有没有标准,有没有规则,有没有工具?没有,对吗?基本都是自己临场发挥,随心所欲,对吗?但是西方企业中,对于这种种场景,都有一整套的规则,管理者只要套用就可以了。企业出现了问题,就一定有解决的办法。正是由于设置了面对企业问题的标准处理机制,才使得西方企业的普遍寿命都长于中国企业。

在西方企业中,这一整套机制的载体是工具。只要工作中出现了问题,都可以在工具库中找到解决方案。IBM就有一个这样的工具库,所有员工工作和生活上的问题都可以通过工具来解决。

举一个最常见的例子。我经常听到企业老总跟我抱怨,企业政策制定得挺好,但是员工就是不执行,或者执行不到位,没有得到预期的效果,把不太满意的结果归罪于员工的执行力有问题,并一直幻想着,如果员工能有《把信送给加西亚》中罗文中尉"使命必达"的责任感和执行力就好了。

那么,企业老总为了提升执行力,都会采取什么办法呢?大家可能都参加过企业组织的培训,请一些所谓的大师上台演讲,讲完之后,员工有什么感觉?非常兴奋,干劲十足,对吗?在接下来的一段时间内,员工的工作会非常积极,甚至会主动要求加班。老总看在眼里,喜在心里:大师的出场费没有白花。但是最多两个星期,这股劲过去,员工就又恢复到以前的工作状态,这次不仅是老总,员工也会非常困惑:我怎么又回来了?这种积极的工作状态为什么持续得这么短?这种培训究竟有什么问题呢?其中最重要的一个原因就是,这种打鸡血的精神状态,是基于人们一时的情感爆发。如果后续过程中,没有持续的反馈机制,没有合理的落地方案,激情退去的时候,就是打回原形的时候。

企业领导心心念念的"执行力"其实是一个伪概念,不属于规范的管理学概念,是培训课程市场化的产物。很多培训师知道,企业老总喜欢跟员工讲执行力，因此他们编出这样的概念，便于售卖他们的课程。

那么，"执行力"究竟是什么呢？执行力不是员工的能力，在西方的管理学中，员工的执行力跟老总的管理能力密切联系在一起。管理能力强悍才能衍生出执行力的坚决。如果员工的执行力不强，代表的是企业老板的管理能力不过关。

给华为起草《华为基本法》的包政教授在一次讲课中，向我们形象地描述了日本公司是如何向下属部署任务的。其中最有趣的部分是："日本的大公司规定，管理者给员工部署任务时，至少要说五遍。"具体情况如下：

第一遍，管理者："渡边君，麻烦你帮我做一件××事。"渡边君："是！"转身要走。

第二遍，管理者："别着急，回来。麻烦你重复一遍。"渡边君："你是让我去做××事对吗？这次我可以走了吗？"

第三遍，管理者："你觉得我让你做这事的目的是什么？""你让我做这事的目的大概是咱们这次能够顺利地召开培训，这次我可以走了吗？"

第四遍，管理者："别着急，你觉得做这件事会遇到什么意外？遇到什么情况你要向我汇报，遇到什么情况你可以自己做决定？"渡边君："这件事大概有这么几种情况……如果遇到A情况我向您汇报，如果遇到B情况我自己做决定。您看可以吗？"

最后一遍，管理者："如果让你自己做这个事，你有什么更好的想法和建议吗？"渡边君："如果让我自己做，可以在某个环节……"

五遍讲完，员工现在对各种突发情况、场景都有预案了，再去执行。各位，这种情况，是不是比老板只说一遍的效果要好，是不是可以接近老板最初设定的效果？大家知道，在一个公司里面，最大的成本是重做。俗话说"磨刀不误砍柴工"。在砍柴之前，耐心地磨刀是十分必要的。不要拿着钝刀子就上山，到时候不但费力，还没什么实质性收获。道理一说就知道，但是我们平日里，领导者又是怎样布置任务的呢？我们来重现一下。

管理者刚说完第一遍，员工就会立即去做，免得被老板认为执行力不强。

如果员工一直专注工作，没有及时给老板反馈，老板又会说："怎么回事，有什么问题倒是跟我说啊？这么长时间都没给我消息？"

如果发现工作出错了，老板会气冲冲地质问员工："这是怎么回事？是我让你这样做的吗？你怎么做成这样？"

如果员工遇到问题，向管理者请示，管理者会问："怎么什么事都需要我来定？那我雇你做什么？"

如果员工真的自己做了决定，管理者又会问："你问过我吗？这种事你都敢自己定，眼里还有我吗？"……在这种情况下，员工怎么做都是错的，他的执行力又从何而来？

大家是不是感觉非常熟悉？这就是我们最常见到的领导力。中国的老板在布置任务时喜欢说两句话，第一句是"看着办，我相信你"，还有一句是"不要让我说第二遍"。这与西方管理学的要求背道而驰：他们要求说5遍，我们的老板希望自己不要说第二遍。一遍之后就要求员工理解所有的细节，甚至有一些老板更有趣，要求员工有"眼力劲儿"。什么叫"眼力劲儿"？就是眼色，其实是一种表情、神态。这么重要的任务通过一个表情能传达清楚吗？需要花多大精力才能培养出一个仅通过表情就能明白任务细节的人啊？

问题是，很多老板就喜欢这样。这么做的后果很明显，下属员工都变聪明了，知道看眼色了，知道怎样才能让领导舒服，至于工作，过得去就行，没有人要求精益求精了。工作不尽如人意，最重要的原因是领导懒得把任务说第二遍，员工虽然很想把工作做好，但是他无法全部理解老板的想法，只能靠猜测，而这会造成最初设定和最后结果之间的巨大差异。

习惯于看眼色的员工在一些标准化管理流程中甚至会有非常不适的感觉。

曾经有一位在东风日产工作多年的朋友跟我聊天说:"别看中日合资这么多年,我们表面看起来平起平坐,但是骨子里,日本人还是把中国人当笨蛋,布置任务的时候,翻来覆去地说。说实话,我感觉他们在侮辱我的智商。"

我后来跟他解释说:"他们不是只对中国人这样,他们对日本人布置任务也是这样。这是布置任务的标准流程,对事不对人。"

但是为什么只有中国人会产生这种奇怪的愤愤的想法呢?我们习惯于被相信是聪明的,只需要一遍就可以理解并执行。但是事实上,布置任务的时候只说一遍,我们嘴里的"了解""知道"并不是真正的了解和知道,我们并不清楚如果遇到突发情况应该怎么办,不清楚哪些事情我们可以做主、哪些需要汇报等等。没有经过反复确认,一个人是不可能真正了解所面对的任务的,更不要提圆满地完成了。

我们讲西方管理学的概念,为什么扯到日本了呢?这是因为日本企业采用的是西方的管理模式。这套布置任务的流程是美国人戴明发明的,参考的是日本企业的总体生产流程。这套流程一经推出,在日本广受欢迎,获得了巨大的成功。时至今日,日本人依然特别重视布置任务的遍数,这让他们企业的管理效率获得了极大的提升。这个工具很简单,每个人都能学会。下次要布置任务的时候,千万别忘了一定要说 5 遍,这是提升领导力最简单有效的方式。

这么看来,领导力其实并不神秘,通过系统学习,我们每个人都可以掌握。接下来,我们将会全面介绍提升领导力的四重修炼。

提升领导力的四重修炼

一个普通员工如何才能具备领导力呢？俗话说"天上不会掉馅饼"，即使偶尔掉个馅饼下来，你的嘴也需要比别人的嘴张得大才能吃到。这儿的嘴大可能包括你的能力和为这件事做的准备，要知道链家的中介小伙儿在淡季时都要守着，这样才会在旺季时一手握房源，一手给熟悉的客户打电话推荐。提升领导力也是这样，需要一个循序渐进、次第修炼的过程。

我认为领导力的提升成长至少需要以下四重修炼（如图1–1所示）。

1. 建立信任

当你还是一个普通员工时，最重要的工作就是保质保量完成领导分配的任务，赢得领导的信任；工作中与同事友好相处，赢得同事的喜爱；为客户提供优质的服务，赢得客户的肯定。只有不断增进与

```
01          02          03          04
建立信任    建立团队    建立体系    建立文化
```

图 1–1　提升领导力的四重修炼

大家的关系，形成良好的个人工作环境，你才能获得升迁的机会。本职工作是一个人的安身立命之本，大家不要羡慕三国里的庞凤雏，天天喝酒吹牛，一个月的政务半天就能搞定，那是人家足够有本事，换你试试。要知道侃侃而谈容易，行之于实处时各种想不到的困难都来了，所以脚踏实地，把本职工作做得足够出色，就能为自己争取到更多的机会。

虽然本职工作是升迁的必要条件，但是要想成为一个优秀的管理者，拥有管理者的意识和觉悟也是非常重要的。我经常将刚上任的管理者分为两类：

（1）一类感觉很棒，有很强的成就感。

（2）一类感觉很痛苦，工作还不如原来做普通员工时顺利。

以上两种心理变化，区别在于第二类还沉浸在执行者的角色中，头脑中对于管理者定位中"通过别人"的核心精髓并没有深刻理解。

2.建立团队

到了这个阶段，团队管理者的角色定位开始显现。我们的很多工作需要尽可能通过员工完成，为员工能力提升创造一切便利，而不是越俎代庖，事事参与。要知道，事事操心的诸葛孔明，最后的结果就是活活累死。话虽这样说，但是中国的老板最常见的管理错误就在于事事操心。一个常见的现象是中国的老板都非常勤劳，整日起早贪黑，忙忙碌碌。相比之下，员工反而感到无所事事。

如果管理者一直用自己的意志管理团队，团队就会对其产生很强的依赖感。我的建议是：管理者一定要学会放手，让团队自我进化，让成员自己成长，哪怕开始时出现一些损失、错误，也要容忍。

3. 建立体系

为什么有的人带团队，只要他不在，团队就乱成一团麻；而有的人带团队，他可以自由出差、出国进修、呼朋访友？这就涉及管理者成长的第三个阶段——建立体系。体系就像是一个精确运行的机器，一旦建立起来，就会自然运转下去，不会因为个别因素而停止。既然是机器，必然要有运行规则，这就是体系中标准建设的内容。

（1）制定标准

我们经常说：管理体系就像是一个黑箱，判断好坏的重要标准是输入产品和输出产物。如果输入的是一流人才，出来的却是三流结果，这个管理体系就有问题；如果输入的是三流人才，出来的是一流结果，这就是运转良好的管理体系。在管理体系的标准建设方面，麦当劳的案例值得借鉴。

麦当劳的招聘条件很一般：员工需要具备初中以上文化，店长需具备高中以上文化。从输入的角度来看，麦当劳输入的都是普通人才。然而在几年之后，这些普通人才都会被培养成标准的管理者，成为人才市场的抢手货、各猎头公司的目标。

如果足够细心，我们会发现，标准化已经渗透到麦当劳企业的方方面面。不仅是人才培养体系，麦当劳在其他方面的标准化程度同样极高：拖地的标准是反向画八字，切面包的标准是横截面气孔直径不超过一毫米，牛肉饼的标准重量是28.96克，排气扇的标准是每隔半个月换一次……

在麦当劳的运营中，标准化是最核心的竞争力。麦当劳最重要的资产不是它的产品，而是它的门店。它的大多数门店已实现高度标准化，我们看到产出的是香喷喷的标准化食品，其实本质上是标准化的团队！这些标准通过连锁加盟的方式产生了巨大的增值空间。麦当劳的团队日常就是按标准做事，一切按标准走，这一点恰是大多数中国企业都做不到的。

被称为"创业教父"的美国人迈克尔·格伯，曾写过一本书《突破瓶颈》，提倡大家做连锁加盟。连锁加盟的模式非常好，来钱快，有很多中国人在连锁加盟领域混得风生水起。但是他们的模式跟麦当劳的模式并不一样。为了挣钱，他们做出一套标准后就将其卖掉，然后再去做另一套标准。实际上，如果能够像麦当劳这样，在一个领域内扎下根,把所有细节的标准都做到尽善尽美,我们也可以一辈子一直赚这个标准的钱。

麦当劳是一个伟大的企业,从1955年诞生到现在已经走过了60多年风雨,从最初的9家店发展到现在遍布全球110多个国家的3万多家分店,可以说标准化是其成功的最重要原因。我们中国有很多劝人坚持的名言警句,比如"绳锯木断,水滴石穿",遗憾的是在商业领域却充满了各种急功近利!

(2)引进技术

标准的研制相对简单,执行起来却困难重重,会受到很多因素的干扰,特别是人为因素。人是主观的,执行标准的时候难免不夹带私心。怎么解决这个问题呢?

中国有一个组织叫"绩效改进协会",倡导用技控代替人控。人控的意思是事事由人掌控。相反,技控是指引进机器,取代人的部分工作,保证标准的坚决执行。比如说餐厅规定薯条需且仅需炸5秒,经过技术设计,炸薯条的机器在恰好5秒后弹出薯条,不多也不少。

还是以麦当劳为例。麦当劳规定在汉堡制成15分钟后,如果无法卖出就必须扔掉。那么麦当劳的餐厅经理怎么知道超没超过15分钟呢?他们的操作流程是:汉堡制成之后放入保温箱,放入的瞬间开始计时,15分钟后保温箱开始报警,通知餐厅经理该批次的汉堡过期了需要丢弃。

人是不确定性的最大来源。有句老话说：有人的地方就有恩怨，有恩怨就有江湖，所以有人的地方就有江湖。采用机器控制和新技术是为了避免人自身的局限性，完成标准化的流程。从体系建立的角度讲，由技控代替人控无疑是大势所趋。

4.建立文化

不知何时起，企业文化成了企业家聊天格调的标志，要是没在企业文化上下功夫，或者没鲜明特点，都不好意思张嘴。一些知名企业的文化被大家津津乐道，其中华为的文化非常典型。

> 1998年诞生的《华为基本法》可谓华为另一张名片。2014年，任正非在多个场合提出"让听得见炮声的人呼唤炮火"，完美诠释了华为的"下沉文化"：让终端人员进行决策，而不是老板自己拍脑袋、一言堂。在华为，任正非已经成为精神领袖，影响力也越来越大。

在很多中国企业家眼中，构建企业文化是大公司才有的特权。事实上，无论公司的规模多大，都可以建立属于自己的企业文化。

企业文化是企业价值观、信念等精神因素的结合。人们常说"物以类聚，人以群分"。建立企业文化，是在精神上将企业员工凝聚在一起，是一个企业区别于其他企业最高级的状态。企业文化的创建是一个需要用心的漫长过程，一旦建立，对于企业长期持续健康发展将会有事半功倍的效果。

　　企业文化的特征在于独特，与众不同，这一点西方企业显然更加精通。比如在中国，我们不太习惯拿自己的名字做公司名，但是西方很多公司都是用创始人自己的名字命名，例如戴尔、福特等，这样做的目的就是打造具有强烈个人风格的企业文化，这也是我将读书会以自己的名字命名的一大原因。

第 2 章

明确角色定位,避免亲力亲为

管理者的使命是培养员工,打造有战斗力的团队,而不是将员工的工作都加在自己身上,越俎代庖,事事参与。衡量一个管理者能力的高低,就是看他能培养多少能干的人才。

管理就是通过别人完成任务

说起管理的定义，每个人都有自己的理解。真正的定义其实很简单，说出来可能会嘘声一片：通过别人完成任务。这里面有两个点：一是完成任务，二是通过别人。一个人只要符合这两点，他的角色就是一个管理者。即使一个普通的放羊人，只要有办法让别人帮他放羊，他就是一个管理者。

在这两个要点之中，哪一点更难做到呢？

通过别人。很多人不会"通过别人"，其实是他不放心"通过别人"，还有一些人过分看重"通过别人"。

让别人帮自己做事，在很多人看来是"升官"了。于是官僚气附身，对员工颐指气使。这种管理者不在少数。新时代了，员工挣钱不一定靠上班，勉强上班还遇到这样的管理者，不马上离开反倒让人感觉奇怪。

时代变了，现代企业的管理者，与传统概念中的官僚和干部有本质的区别。大家都在一起工作，除了上下属的关系，还有同事的关系；除了管理职能，还有互相帮助和共同进步的情谊。

也有一些受到员工爱戴的管理者，但是他们感觉非常累。为什么呢？他们妄图以一己之力完成所有任务，不借助团队成员的力量，始终忙忙碌碌，员工反倒非常清闲。

现实生活中，我们见过很多在员工中口碑还不错的管理者其实是这样的：白手起家，以敬业、勤奋著称，公司运营了很多年，开始步入正轨，随着业务不断扩大，发现忙不过来了，那就招聘员工吧，让他们分担自己的工作。但员工行不行呢？得盯着点儿，小心他们犯错，于是大小事务都要过问，整日里忙忙碌碌，员工却备感压力。老板这样做有一定的好处，比如少雇员工、节省成本、保证做事质量，坏处也是显而易见的，没有给员工足够的信任，他们必然不会经过磨炼，不能独立承担重要任务，一直在等待老板的指令，而老板却疲于奔命，到头来，双方都得不到成长。

用球队来打个比方：就好比你是前锋，觉得后防不力，就老帮后卫防守；觉得中场组织很差，就老帮中场组织拿球。当球队需要破门得分、往前传球的时候，却找不到你这个正印前锋的影子，那球队还能赢得了球吗？

从央视离职后，我曾创办过一本名为"管理学家"的杂志。有一次，我带着杂志的市场总监去跟其他单位谈合作。谈完之后刚出对方单位大门，市场总监就非常生气地跟我说："我不干了。"

我很诧异，赶忙问他原因。市场总监答道："你根本不需要我，整个谈判过程都是你自己说，我连嘴都插不上。"

那时，我觉得有些委屈，心想这个市场总监未免太矫情了。到后来我才认识到，对方站在你身旁，却发现自己不被需要的感觉是多么难受。从那时起，我就意识到，一个优秀的管理者，要克制自己对事情的"不放心"，给员工更多的表现机会，尽量放权给员工，让他们独立完成工作。

管理团队不是一件容易的事情，很多管理者朝思暮想的一个问题就是：怎么才能让手下人"服"你？

有一次我到海尔讲课，台下有一个学员就这样问我："怎样才能让手下人服你？"我让在场的其他学员作答，其中有名学员的答案是："要做什么都比手下人强。"

这个答案估计代表了大部分管理者的心声。"做什么都比手下人强"是极为常见的管理者思维，但想想看，这种思维也只是在职位相对较低时才有可能做到，比如车间的班组长、分厂厂长，他们从基层做起，熟悉每个工种，能力出色，于是工而优则仕。但当你带领的团队越来越大时，"做什么都比手下人强"就只是一种理想。想想海尔集团的老总，手下人数以万计，有无数的工种和团队，如果老总有这样的思维，那不是把自己累死，就是把海尔玩死！管理者对自己的定位非常重要，对"通过别人"的理解就更加重要。

管理者与普通员工的工作内容有很大的不同，一言一行的要求都比普通员工高。有些话不能说，有些话必须说。一句话，管理者的使命是培养员工，打造有战斗力的团队，而不是将员工的工作都加在自己身上。

西方人经常用一艘船来比喻一个团队。一个团队逐步壮大的过程，就好像是一个人从自驾小船到指挥大船的过程。管理者驾驶一艘小船时，什么技能都得会，慢慢地就能够驾驭整艘船，靠激情就能让小船走得又快又安稳。此时，市场可能会奖励给你一艘大船。大船和小船不仅有规模上的差异，大船往往也需要更多的人手，因为仅靠船长一个人无法同时完成大副、二副等其他人的所有活儿。这个时候光有激情远远不够，大船要想快速、平稳前行，必须依靠分工和组织体系。

此时，船长的主要任务不再是驾驶，而是要把握大船的方向、速度和安全。小船吃水浅，根本没机会碰到水下的暗礁；但大船吃水深，就有可能碰到暗礁，比如流程问题、绩效考核问题等。这个时候管理者要做的其实是制定航行战略、避免暗礁等重要的事情，而不是去划船。划船的事情完全可以委托给已经成长起来的员工，船长彻底

第 2 章 明确角色定位，避免亲力亲为

摆脱与员工做同样工作的状态，去做一些与团队发展动向相关的布局工作，为以后的发展提供更多的可能性。如果船长一直在驾驶室内开船，没有培养相关的人才，船员们就会顾此失彼，整个船队如一团乱麻，这无疑是团队管理中的一大败笔。

学会授权，别怕员工犯错

将军应该站在指挥部，而不是冲上前线。道理很简单，相信大多数管理者也都明白，但为什么还有许多人"乐此不疲"？我想最主要的原因是管理者不允许事情出差错。身为团队的管理者，需要对事情发展过程有强大的掌控感，需要每件事情都在自己的可控范围内。与员工相比，管理者显然有更加丰富的经验，他们相信自己能够将事情做得更好。于是他们怀疑员工的能力，认为员工做事情拖沓，不合自己心意，与其到后来还要自己修补，不如一开始自己就接手。

员工遇到这样的管理者，会感觉没有得到足够的信任，工作积极性受挫。长此以往，员工主动工作的热情就会消失，对工作采取消极应付的态度。相反，管理者每天被琐碎的工作支配得团团转，根本无暇做出一些战略性的全局规划。这种情况对于对企业的长久发展来说非常不利。不幸的是，这种类型的管理者在中国历史上比比皆是，往

第 2 章 明确角色定位,避免亲力亲为

往还拥有不错的声誉。其中最著名的例子就是诸葛亮。

与刘备相比,诸葛亮身上的光环实在太多了。在未出茅庐之时,就有"卧龙凤雏,二者得一可安天下"的美誉。出山之后,诸葛亮协助原本籍籍无名的刘备建立蜀汉政权,与强悍的曹操、孙权形成三足鼎立之势。在此过程中诸葛孔明的智计无双已经成为天下人的共识。按现在的说法,诸葛亮就是三国时期智慧的代言人。相比之下,刘备就显得逊色很多,除了身上"刘皇叔"的皇室血统光环,几乎没有其他为人称道之处。但是论管理能力,二者却有天壤之别。

刘备在位期间,蜀国有五虎上将——关羽、张飞、赵云、黄忠、马超,个个骁勇善战,独当一面。刘备死后,蜀国基本由诸葛亮全盘管理。话说诸葛亮的工作态度无可挑剔,兢兢业业,如履薄冰,鞠躬尽瘁,死而后已。但是在诸葛亮去世之后,蜀国已经到了"蜀中无大将,廖化作先锋"的地步了。虽然五虎上将的第二代都在,但是没有一个人成长为其父辈那样的盖世英豪。原因何在?

最重要的原因就是诸葛亮一生太谨慎了,他身负托孤重任,不愿蜀国出一点儿闪失,因此每一件事都亲自参与。比如,蜀国的将军们会在出征时随身携带丞相赐予的锦囊,遇到困难打开锦囊。通过这种方式,诸葛亮代替将军们决定战局走向,即使不在

现场也可以指挥千军万马。如果打了胜仗则"多亏锦囊妙计"，打了败仗便"此乃天意"。换句话说，无论胜败，都是诸葛亮的责任，跟这群带兵打仗的将军没有任何关系。

这种情况下，诸葛亮麾下的将军只要听话就好，并不会有承担责任的压力，当然也就不会有要求成长的愿望。在他们看来，丞相的计谋天下无双，只要照做就可以了。唯一例外的马谡，还在兵败后被诸葛亮挥泪斩首。

在诸葛亮的治理之下，蜀国的将军们就是执行命令的机器。他们无从成长，无从学习，一切跟着丞相走就好。丞相在世时一切安好，丞相去世之后，这些将军中没有一个被培养成治国之才，蜀国的衰落已成定局。

诸葛亮为人称颂的是他"鞠躬尽瘁，死而后已"的敬业精神，但是他的管理方式存在重大缺陷。究其原因，用他自己的话来讲就是其"一生惟谨慎"，不敢让手下人犯错，不敢拿蜀国的前途冒险，希望蜀国平平安安。但是事与愿违，没有经历过任何风险的蜀国在这种平安的环境中慢慢衰弱下去，直至无力回天。

任何一个团队的管理者都要明白，想要让团队获得持续健康的发展，必须激发团队各成员的潜能。在这个过程中不可避免会犯错，须知，任何团队或者个人的成长都要通过不断试错才能获得，不犯错就不会发现自己各方面存在的缺陷，不知道如何改进。如果无法获得成长的空间和机会，也就没有意愿去承担属于自己的责任、独当一面。团队管理者在培养人才的过程中，最大的挑战就是要眼睁睁地看着员工去犯错，而且还不能说，要给员工试错的空间，培养属于员工的责任感，让他感觉这件事跟他自己是有关的，是需要他自己想办法解决的。

樊登读书会在一些活动中也遇到过类似的问题，我的处理方式就是"不说"。

比如有一次，读书会有一个小组在陕西做了一个客户活动，当时反馈不太好，很多客户对我们很有意见。陕西分会的会长也建议我跟小组的成员分析下问题所在，找到解决问题的方法，避免客户的不满。

我对他说："我知道他们活动有问题，但是我不能说。为什么呢？我们更应该看到的是他们小组在组织活动时的工作热情。经验欠缺可以日后慢慢积累，但是工作热情是非常宝贵的东西，一旦受到打击，很长时间内都难以弥补。如果因为小组出现一些小小的问题，我就开会说他们，那他们以后再组织活动时就放不开手脚，可能就觉得自己的组织能力不行，以后再遇到类似的活动就不敢放胆去做了。"

实际上，我也是这样做的。后来我在上海与这个小组碰面时，表扬了其中一个小组成员："你的活动做得很好，很及时，能力越来越强了。"

他回答道:"其实我知道客户的反馈不太好,我下次一定准备得更加充分,将活动做得更好。"

他的回答也说明:这次客户活动做得不好,小组成员是有感觉的,是有想法的。他们并不需要别人来告诉他们这次活动的效果不好。这反而会增加他们的工作压力。我鼓励他们,是因为相信他们都很优秀,能够对自己的工作负责到底。优秀的人才面对工作都有自己的想法,他们也会将活动效果跟自己的责任联系在一起。这份责任感促使他们在下次组织类似的活动时,一定会加倍努力做到最好。

老板在员工表现不佳的时候过问甚至质疑,还会给员工造成一种感觉,那就是即便我再努力,也会被老板挑出毛病,还不如等老板将一切安排好后照做就是,这样还省心省力。可想而知,如果抱着这样的心态,他们投入工作的热情,以及面对困难时思考问题的积极性就会下降,最终影响的还是团队的整体业绩。

我在最初创业时,也犯过类似的错误。那时我跟其他老板一样,对员工做任何事情都不放心,每一件事情都要千叮咛万嘱咐,生怕出现意外。后来我慢慢发现,员工只是想法与我不同而已,而且因为他们久居一线,有的想法甚至比我的更好。这让我意识到,要想充分调动员工解决具体问题的积极性,就应该让员工去搭建属于自己的工作体系。即使由于经验不足,偶尔会出现不周到的地方,我也不会求全责备。前提是他必须始终保持认真负责的态度,这样我就可以放心将事情交给他去做,让他迅速成长为能独当一面的人才。

管理者的三大角色

跟西方企业相比,中国大部分的企业还没有进行标准化管理,这是一件很要命的事情。为了适应将来移动互联网带来的猛烈冲击和日益激烈的国际竞争,管理者有必要用标准化规则对企业管理模式进行大幅改造,只有这样,企业才能保持持续竞争力。在展开本节话题之前,先让我们看看中国企业管理者的日常工作,相信大家对这些情况一定不陌生。

只顾着自己做事,不注意协调员工。一段时间后发现,只有自己负责的部分完成了,其他人负责的部分进度还差很多。

每天起早贪黑地忙,大部分的时间都在帮员工"善后",自己分内的工作没时间做,有时候甚至会后悔当上这个"官"。

希望管理好团队,"跟群众打成一片",平时说话不注意,只考虑下属,没有考虑老板的立场,最后落得"两头不是人"。

第 2 章　明确角色定位，避免亲力亲为

工作有了成绩，开始跟员工争功，所有成就都归在自己名下，所有责任都推给下属，造成员工离职，老板也不满意。

由于怕"教会徒弟，饿死师傅"，不肯下功夫培养员工，团队各成员得不到进步，在老板看来，整个团队里管理者最优秀。

……

管理者最常见的心态就是认为自己在受"夹板气"：管得松了，员工完不成任务，老板怪罪；管得紧了，员工直接辞职，完不成工作，老板怪罪。每天辛辛苦苦地为这个着想，为那个着想，最后落得两头不讨好。管理者的心里感到十分委屈。

其中的原因是什么呢？不知大家有没有认真想过。在我看来，最大的问题在于定位，管理者对自己的定位并不清楚。有句古话说"名不正则言不顺"。知道自己是干什么的非常重要。只有清楚这一点，以后所有的工作才有开展的基础。那么大家仔细想一下，管理者在企业中是个什么角色？

由于公司规模不同，管理者的角色定位也会有所不同。一般来讲，管理者在团队中有三种角色定位：下层执行，中层管理，上层领导（如图 2-1 所示）。

图 2-1 管理者的三种角色

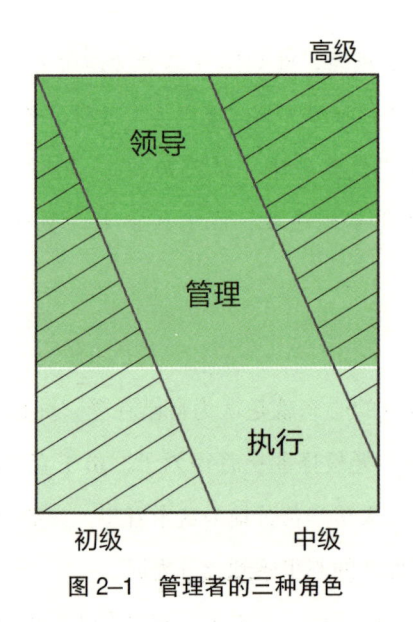

1.下层执行：使命必达

初级管理者以执行为重，无论遇到什么情况，都要保证最后的结果。

"铁人"王进喜在老一辈人心中有很高的知名度，他们年轻的时候都学习过"铁人"精神。"铁人"的称号，源自20世纪60年代。那时，中央准备在松辽平原开采油田，将钻机运到当地。当时的条件非常艰苦，没有吊车、拖拉机，怎么将钻机卸下车呢？王进喜的办法是带领工人"人拉肩扛"。他们用同样的办法，只用了 4 天时间便将 40 米高的井架树了起来，这在那个年代是不可想象的事情。

钻机开始工作了，又遇到一个困难：打井需要用水，但是当时没有水管等输水设备。王进喜就带领团队用脸盆和水桶接了近 50 吨水，保证了按时开钻。在钻第二口井的时候，由于地层压力太大发生了井喷，王进喜毅然跳进泥浆池，用身体搅拌泥浆，最终化解了井喷危机。

正是在这种"铁人"精神的指引下，松辽石油会战取得了显著成果，仅用时 4 个月便钻探出了著名的大庆油田。

王进喜的身上，完美体现了初级管理者的优秀品质：无论用何种手段，一定要实现最终的结果，也就是"使命必达"。

2. 中层管理：面面俱到

中层管理者是整个团队的"大管家"，负责团队中的大小事物。比如，传达领导指令、拆分整体目标、协调各部门的工作、考核阶段绩效等，林林总总，不一而足。从这个角度说，一个优秀的中层管理者需要具备"面面俱到"的管理才能，以及认真负责的工作态度。有人说这需要具备极强的天赋，否则难以应付纷繁复杂的各种事宜，但是实际情况并非如此。

2016 年，美国人安德斯·艾利克森出了一本名为《刻意练习》的书，对我的价值观影响很大。在书中，艾利克森写道："世界上任何领域都没有天才，音乐没有，创业没有，管理当然也没有。那些所谓优秀的管理天才都是通过大量的练习才掌握优于别人的技能的。"

我们经常会热衷于读创业者的故事，惊叹于他们取得的巨大成就，并将他们奉为"天才"。实际上，这是他们在自己领域内刻意练习的结果。他们将工作当作刻意练习，久而久之获得了更好的工作技能。抓住创业机会的时候，会发现工作中的无穷乐趣，勇往直前，直至成功。比如，周鸿祎、马化腾和李彦宏等互联网大佬，其实都是潜藏的编程高手。

懂得了刻意练习的原理，我们就能明白：管理领域没有天才，想要成为一个优秀的中层管理者，唯一的途径就是练习、练习、再练习。

3.高层领导：营造氛围

一些规模较大的企业的领导属于企业中的高级管理者。他们需要考虑的问题是：做任何一件事对整个团队情绪会产生怎样的影响。

> 曹操在官渡之战大败袁绍，冲入敌军营帐后，缴获了一堆信函，很多是自己的属下和袁绍私下的通信。如果是一般人处理这件事，接下来的步骤就是调查这些信件是谁写的，然后以通敌叛国的名头治罪。事实上，曹操手下有很多人也提出了这样的建议。

曹操看到这个情景，说了一句特别耐人寻味的话："绍盛时，孤尚不得自保，况他人乎？"意思是在官渡之战以前，袁绍兵强马壮、咄咄逼人，就连我曹操也不能自保，其他人就更不用说了。说完这句话，曹操就将这些书信付之一炬，既往不咎。如此一来，曹操手下的官员便放宽了心，更加铁心追随。

水至清则无鱼，人至察则无徒。曹操之所以能够成为三国英雄，并且他的团队长期保持强大的对外攻势，越来越多的人投奔曹操，这些都与他的管理手段有直接的关系。

说到这里，大家可能会产生这样的感觉：高级领导的工作很轻松啊！只需要营造氛围，不需要管理那些婆婆妈妈的小事，还是做高层领导比较带劲！

但是我对这些管理者的建议是：请认清自身所处的位置，不要盲目追求高层的管理效果，否则会造成悲剧结果。

四处奔跑的兔子看见在枝头打盹的猫头鹰，十分生气地说："为什么你可以优哉游哉地在树上眯着眼睛打盹，而我就必须到处跑，躲避追击？"

猫头鹰笑着对兔子说："你也可以睡一会儿啊。"

兔子刚刚眯上眼睛，就被狼一口吃掉了。

这个故事告诉我们，如果想做高层管理者做的事情，就必须有实力坐在高层管理者的位置上。如果不能,那就只能努力干活,盲目效仿只是死路一条。

执行、管理和领导这三种角色在每个团队中都缺一不可。对于管理者来说,所处阶段不同,这三种角色的分配也不同:如果你是初级管理者,核心任务是完成任务,取得信任;中级管理者辛苦些,需要既能解决问题,又能营造氛围;高级管理者就要多营造氛围,借助其他人来达成目标。

优秀管理者都是营造氛围的高手

说到营造团队氛围的话题，我想起了我的第一份工作。当时，我作为《实话实说》栏目组成员在中央电视台工作，直接上级崔永元老师就是一个善于营造团队气氛的高手。

在《实话实说》录制间隙，节目组会供应种类繁多的饮料：矿泉水、红牛、酸奶、咖啡等，大家随便喝，而同期央视的其他栏目组只有矿泉水。我当时特别不理解，问崔老师："老师，不就是录个像吗？喝个水就行了，干吗每次都花这么多钱买饮料？"

崔老师说："你说得很对，每次买饮料是花了不少钱。我就是想让大家知道，我们栏目组干什么都比别的组强，喝的饮料都比他们种类多。"

我仔细一想，还真是如此：别的组盒饭标准是15元一盒，我们组是30元一盒，配菜的种类更加丰富；央视举办拔河比赛，我们组为了争第一，引进了两个胖子做外援，杀得其他组人仰马翻；踢足球踢不过《东方时空》组，崔老师便为我们配备了全套名牌护膝、护腕，让我们在装备上胜出。这就是崔老师营造的团队氛围：任何事情都要争第一。

试想一下，如果崔老师为团队成员提供的饮料和盒饭都比其他团队强，那成员有没有可能对崔老师说："这期节目我们就别那么拼了，第三就行了。"答案显然是否定的。那时候，我们衡量节目好坏的一个重要标准，是坐地铁时身边的人有没有讨论这个节目。为了成为街头巷尾的热议话题，节目组的所有成员在工作中都投入了百分之二百的精力，将《实话实说》做成了当时全国最火爆的谈话类节目。

热播剧《亮剑》中有两个主要角色——李云龙和赵刚。二人分工明确，李云龙是独立团的领导者，赵刚则是具体管理者。赵刚每天提醒李云龙：这件事是对的，可以做；那件事是违抗军令的，千万不能做。在赵刚的约束下，独立团维持了八路军的优良作风，但是观众感受到的独立团的精气神却是由领导者李云龙带来的。

让我印象最深的情节，是独立团的一次突围。当时团队陷入了敌人的包围圈，在寡不敌众的情况下，李云龙带领独立团突围成功，清点人数时发现营长张大彪由于负伤并没有冲出来。此时，李云龙对大家说："我们独立团从成立到现在，还没有落下过一个兄弟，跟我回去救张大彪！"最后的结果是——张大彪救回来了，但是牺牲了另外七八个人。

从管理者的角度看，这次营救非常不划算。人员减少意味着战斗力减弱，何况救回来的是没有战斗力的伤员。但从领导者的角度看却并非如此。领导者讲究的是氛围，通过这次营救行动，李云龙强化了"独立团从来不落下一个兄弟"的团队精神，在组织中营造了"生死与共"的氛围，将形式上分散的独立团各部分拧成了一个有力的拳头。

这些是领导者营造氛围的成功案例。在企业日常管理中，很多管理者并不重视营造氛围，更偏爱就事论事，甚至有一些管理者还会做出破坏氛围的事情。

比如企业经营遇到困难了，有些管理者当着员工的面说"今年算是过不去了，马上要倒闭了"之类负面消极的话。这对员工有什么影响呢？心理暗示。有时候心理暗示是很要命的。员工会想"领导都这么说，那肯定是没什么希望了，还是早点找下家吧"，而不是积极想办法渡过难关。

我们身为管理者，要时刻注意自己的言行，因为在升任管理者的时候，就已经自动成为整个团队的主心骨。作为代价，我们的一言一行都会被员工无限放大,对员工产生较大的影响。为什么有的人成为管理者之后,反而跟团队的关系不好了?因为他们当上管理者之后,行为细节被放大了。原来作为普通员工能够被理解的错误,变身为管理者之后就会产生很坏的影响。

比如,管理者规定员工不许迟到,但是自己总是迟到,那么这种规定就没有说服力。领导总迟到,会让员工感觉管理者的规定不必遵守。一旦形成这样的印象,管理者在员工心中的权威性就会降低。再有其他工作,员工执行的意愿就会大大降低。

营造团队氛围的核心原理在于调动员工的工作意愿,激发他们的工作热情。只有这样,才能为企业留住人才,吸引人才,使企业获得持续健康的发展。

在中国企业中,"海底捞"是一个响当当的名字。它的案例被人们反复研究学习,人们都在关注它是如何挣钱的,即所谓经营秘诀。但是我最感兴趣的是它团队管理的部分。

海底捞营造团队氛围的手段堪称史无前例。一个最明显的感觉就是海底捞的员工服务顾客的时候很积极,很阳光,完全不同于普通餐馆服务员常见的那种半死不活的状态。虽然工资相差不多,但海底捞员工的离职率仅为10%左右,远低于餐饮行业36%的平均水平,这也是团队管理工作业绩突出的一个重要体现。下面就让我们领略一下海底捞营造团队氛围的神奇手段。

（1）给员工宿舍配备保姆

众所周知，一般的餐饮企业，服务人员在工作时被人呼来喝去是家常便饭，回到宿舍还要面对宿管人员的管束和责罚。长此以往，他们容易出现心理失衡。但是在海底捞，事情出现了有趣的变化。

每天早上，海底捞的员工起床后可以直接去上班，保姆会帮他们将被子叠好，并将宿舍收拾得干干净净，甚至在晚上睡觉前帮员工铺床。给员工家人般的关怀，是不是足够让其他餐饮企业的服务员"羡慕嫉妒恨"？

（2）允许员工恋爱

一般的餐饮企业，只要发现员工谈恋爱，先是警告，如果情况继续下去，就会做开除处理。这种做法让员工感觉"面包和爱情不可兼得"，无法积极投入工作，工作的热情大大降低，对企业发展也会产生消极的影响。

在海底捞，如果两名员工确定了恋爱关系，公司会给他们租一个单间，让他们享受二人世界，这在旁人看来是不可想象的事情。海底捞通过这种方式解除了员工的后顾之忧，让他们可以全心全意地投入到工作之中。

(3) 为员工父母发工资

海底捞在给员工发工资时,一部分直接发给员工,剩下的部分通过邮局汇款寄给员工远在老家的父母。邮局汇款是一个非常有意思的细节,大家日常生活中肯定不会用了,因为现在银行和手机转账十分方便,随时随地都可以转账。但海底捞为何选择这种比较原始的、有点笨笨的汇款方式呢?目的还是营造氛围。

海底捞的员工大部分来自偏远贫困地区,那里交通、信息相对闭塞。员工工资寄回老家后,邮局通知员工父母取钱。谁家孩子往家里寄钱,父母脸上就有光,恨不得告诉周边所有的人,这样一来,谁家有了汇款全村人很快都会知晓。海底捞此举的结果是,不仅员工父母,其他父老乡亲也都知道海底捞给员工家里寄钱了。他们会感激海底捞,并叮嘱孩子在那里好好工作,家乡的人要找工作,也会首选海底捞。因此,海底捞的员工几乎都来自同一个地区,很多员工都以在海底捞工作为荣。

(4) 给离职员工发津贴

海底捞的离职员工会得到公司发的一个大红包,表示员工离职是因为才华出众,而非被公司辞退。红包的大小跟离职时的职位有关,职位越高,红包越大。比如,店长的离职红包是8万元,小区经理的离职红包是 20 万元,而大区经理离职时,会得到海底捞送的火锅店,价值大约 800 万元。

海底捞团队管理的精髓,在于千方百计营造独特的家庭氛围,为这些背井离乡的员工提供各种关怀和帮助,让他们积极投入工作中。我们从海底捞的案例中,可以得到很多启发。那就是管理者营造氛围时,应当更多地关注员工的内心需求,通过切实可行的手段,真正打动员工,让他们真正融入团队。如果仅仅是片面追求利润,不是真心对待员工,没有表现出足够的诚意,效果可能适得其反。

第 3 章

构建游戏化组织，
让工作变得更有趣

伴随着互联网成长起来的新一代员工，金钱和梦想已经不是吸引他们工作的最重要的理由，让工作变得有趣或许是一个不错的方式。

设定明确的团队愿景

在新时代的环境下，管理能力的突出表现在善于营造氛围，让工作变得有趣。具体而言，就是将工作流程游戏化，即用游戏的结构来组织工作流程。这听起来有些不可思议，工作和游戏完全不同，一个端正严肃，一个玩世不恭，怎样将这两种截然不同的行为有机结合，将游戏的思维运用到团队管理上呢？

我们小时候经常玩的红白机游戏《超级玛丽》的目标是营救美丽的公主；后来的街机游戏《三国》，三国英雄不断地打boss，最终目标是营救美女貂蝉；风靡一时的网络游戏《魔兽世界》的目标是带领阵营成长，包括修筑城墙、操练兵马、种植作物等等，并保护阵营不受侵犯。

还有一款游戏的目标是联合所有地球人，一起迎战外星人。地球人打外星人已经是相对比较远大的目标了，但是这款游戏的经典之处不止于此。有一天,这个游戏的所有玩家暂停游戏,在线下欢呼庆祝全球同时在线人数突破 4000 万,共杀死 20 亿外星人。要知道,4000 万是全世界所有国家军队人数的总和,如此庞大的人数总是在地球内部相互厮杀,从未联合作战共同对敌。在这款游戏中,地球人联合作战的目标得以实现——4000 万人同时迎战外星人。毫无疑问,这款游戏带给玩家的成就感巨大。在这种成就感中,团队归属感占据非常重要的位置,这也是此款游戏最吸引人的地方。

这些游戏无一例外都有一个宏大的目标,这是游戏设置的第一大关键要素。要想组建一支优秀的团队,第一步就是要设定宏大的企业愿景。这个愿景必须清晰而具体,并且足够宏大,绝不能仅仅局限于企业团队这个小领域,而是要定位在更广阔的范围中,与人类生活、世界进步等概念相结合。

我们经常听说这个企业的愿景是成为一个受人尊敬的公司,那个企业的愿景是成为一个人人向往的公司,等等。这些愿景听起来确实挺好,可它们都不够具体,无法激发员工的积极性。员工会把这个愿景看作是老板的事,跟自己无关。但如果企业的愿景是要带领 13 亿人读书,那员工就会感觉跟自己有关,非但如此,企业之外的其他人也会感觉跟自己有关,毕竟谁都会觉得自己是这 13 亿人中的一员,都愿意参与进来。樊登读书会的各级代理商和推广大使是被我们宏大愿景吸引而自愿推广的。言及于此，我想向大家推荐一本书《指数型组织：打造独角兽公司的 11 个最强属性》，作者是奇点大学创始执行理事萨利姆·伊斯梅尔。他在这本书里讲到，想要打造一个指数型组织，设定一个远大的愿景十分重要，而且这个愿景一定要夸张一些，宏大一些。

事实证明这一论点是正确的，像谷歌、PayPal（贝宝）、Airbnb（爱彼迎）、优步等优秀的国际大企业在创立之初，都有非常宏大的目标。每个人都感到这个目标与自己有关。只有这样，大家才会愿意参与进来，作为其中的玩家，共同运作这个项目，将游戏玩下去。

1998 年谷歌创立时，创始人拉里·佩奇和谢尔盖·布林提出的企业愿景是：整合全球信息，人人皆可访问并从中受益。在那个时间节点，全球互联网飞速发展，网上产生了大量的信息，但人们发现想要找到一条对自己有用的信息非常困难，可能年轻的网民都想不到，那时人们竟然是随身带一个笔记本，碰到有用的网站就把网址抄下来。可见，大家对搜索引擎的需求有多么迫切。谷歌创立之初的美好愿景切中时人要害，两个对商业计划一窍不通的创始人，因人们巨大的需求，获得了第一笔投资——来自斯坦福校友的 10 万美元。第二年，随着项目的知名度扩大，又把对谷歌的投资增加到 2500 万美元，这为谷歌以后的快速发展提供了强大的支持。

一个宏大的愿景对于企业有什么用处呢？按照《指数型组织》一书中的说法，指数型组织的核心就是撬动"杠杆资产"。那什么是"杠杆资产"？企业怎样通过宏大愿景来撬动"杠杆资产"呢？这就是我们需要解决的一系列问题。

Airbnb的愿景是"四海为家"，它的主要业务为旅游住宿预订，但事实上它没有一间自己的客房，它的房源是由世界各地被Airbnb宏大目标吸引并参与其中的房主提供的。这些客房就是通过1000多名员工辛勤工作组织起来的"杠杆资产"。如果没有"四海为家"的宏大目标，Airbnb与这些房主本是毫无关系的。

樊登读书会每星期在全国各地举行几百场读书活动。这些活动场所不属于我们，但是有许多咖啡馆和书店愿意为我们提供活动场所，目的就是让大家一起读书学习。这些书店和咖啡馆也不是企业的资产，它们只是被"用读书改变中国"的宏大目标吸引，自愿加入我们，变成我们的"杠杆资产"，参与到企业的运作中来。

可见，"杠杆资产"拥有巨大的魔力，在共同的宏大愿景下，不仅每名员工都会感觉企业与自己有关，社会上的其他人也会觉得这个企业与自己息息相关，并愿意为企业提供更多帮助。企业便会以非常低的成本获得源源不断的高价值资源，最终越来越接近自己的宏大愿景。即便最终难以实现，也会大大提升企业的运营高度。

第3章 构建游戏化组织，让工作变得更有趣

你能想象PayPal创立之初的愿景是什么吗？是改善第三世界①人民的生活。PayPal创始人彼得·蒂尔大学毕业之后，特别关注国际政治。他在斯坦福大学向学弟们讲解这个项目的时候说："第三世界国家的人民生活非常艰难。他们生活的国度物资贫乏，买不到必备的生活物品，也不可能长途跋涉到美国来买。如果能够开发一种软件，让他们通过网上支付获得美国的商品，就可以在很大程度上改善他们的生活。"（虽然他所了解的不太符合中国发展的状况，但至少他的心是好的。）

这个宏大的愿景打动了台下的观众——程序员马斯克·列夫琴，二人一拍即合，在1998年做出了PayPal。在PayPal的办公区，有一个数字显示板非常显眼，上面记录着每一年PayPal的全球使用人数。最开始这个数字是14，因为PayPal最初的使用人数是14，而现在这个数字是1.9亿。

为了向PayPal致敬，我们樊登读书会上海总部的办公室里也竖立着这样一块屏幕，我们称之为影响中国指数。樊登读书会的愿景是用读书的方式影响中国，每年带领大家读50本书。我们相信通过读书，可以影响更多的人，让中国变得更好。最开始屏幕上的数字是几十，到2017年9月已经是260多万人了，并

---

① 第三世界："冷战"时期，一些经济发展比较落后的国家为表示不靠拢北约或华约任何一方，用"第三世界"一词来界定自己。如今，第三世界包括亚洲、非洲、拉丁美洲、大洋洲等地区的130多个发展中国家。

以每天几千多人的速度递增。从 0 到 50 万,我们花了两年多的时间;而从 50 万到 100 万,我们只用了半年时间。这就是线性增长和指数型增长的区别,这种趋势反映出,一个企业树立一个宏大的愿景是多么重要。

那么企业如何才能树立宏大的愿景呢?我推荐大家再读一本书——《哈佛商学院最受欢迎的领导课》。如果一个企业想要梳理自己的发展愿景的话,最好的方式是全员参与。参与方式是每个成员都要回答哈佛商学院管理实务课教授罗伯特·史蒂文·卡普兰在这本书中提出的一系列问题,根据不同的答案找到所有人共有的那部分愿景。要知道,在一个团队中,企业愿景不只是管理者的个人意志,还必须得到所有成员认可,是大家可以共同努力的目标。

制定清晰的游戏规则

玩游戏时熟悉规则是最重要的，几乎所有的游戏都有非常清晰的规则。比如玩麻将，如果有人想玩四川麻将，有人想玩北京麻将，大家谈不拢规则，那就玩不到一块儿去了。所以，游戏的前提是规则清晰，人人遵守，这样游戏才有继续的可能。

在优步系统中，司机如果想要接到更多的订单，有没有可能去找到订单分配员，拜托他多分配一些订单给自己，并给订单分配员一些好处费作为回报？不可能。因为根本不存在订单分配员。分配订单这个任务已经属于游戏自动流程的一部分，由游戏规则操控。司机能不能接到单子，完全取决于司机在系统中的表现评价和他所处的位置。系统会有一套算法，表现好的司机就会接到越来越多的单子，而表现差的司机单子越来越少。这样的规则可以督促司机改善服务质量，通过改善服务质量就能获得更多的机会和报酬。平台通过这套规则激励司机做出更好的表现，赢得更好的声誉；而打车乘客则通过互动参与，获得更好的服务质量。这是一个共赢的结果，这就是规则的力量。

如果司机觉得这个规则太束缚人，也没有关系，他随时可以选择进入和退出系统。规则铁面无私，只根据表现分配任务。人人都有机会获得更高的报酬，前提是他必须遵守规则。

这套系统中完全没有人为干预，所有运营的核心就是这套算法。有了这套规则，优步才得以存在和发展，可以说这套算法就是优步的核心资产。

但是大多数中国企业在很多方面并没有清晰的游戏规则。以员工的评价体系为例，一个员工的表现好坏，并不完全取决于他在工作上的成就，还要看他与团队管理者关系的好坏。正因如此，中国企业中普遍存在所谓"办公室生存技能"——大家热衷于在团队管理者面前表现自己，以期树立良好的个人印象，博得管理者的青睐，获得更好的评价。从员工的角度来看，这种技能在企业人数不多的情况下十分可行且收效显著。

但是，如果团队中人数众多，管理者无法全面照顾到，那又该怎么办？我们可以看下韩都衣舍的例子。韩都衣舍几乎是一夜之间就变成淘宝第一女装品牌，尤其是它的老板赵迎光并不是服装行业出身，更让人觉得不可思议。其实也不必惊诧，行业外的人反而更容易颠覆这个行业的生存法则。这大概就是"不识庐山真面目,只缘身在此山中"。那么这个非服装行业出身的老板是如何将衣服卖得风生水起,其中的秘诀是什么呢?无他,唯规则耳。

服装业中,做国外品牌一般都只签约一个品牌,对吗?签约之后拿回来集中精力推广,然后就可以等着收钱了。但是赵迎光的做法不一样。创业初期,赵迎光一口气拿到了韩国200多家小众品牌的代理权。按照传统做法,这种规模的品牌推广根本无从下手。无论先推广哪个,后推广哪个,200多个品牌都够忙一阵子的,而且赵迎光当时根本没有推广200多个品牌的资金实力。

为了节省开支,他就去学校招聘。招来的人也与众不同,不叫员工,而叫创业者。赵迎光找到的一群人是来跟着他创业的,是来一起奋斗。招过来之后,把他们分成3人一组,一个做美工,一个做客服,一个做商务,一组就是一个小型网店,组织架构非常清晰。赵迎光为每个网店即小组提供启动资金10万元,网店可以在他代理的服装品牌里挑款自己卖,利润与赵迎光也就是企业按比例结算——10万元本金产生的利润中30%归公司,剩下的70%是小组自行安排。以此类推,无论利润的70%有多少钱,这些钱如何分配都由各个小组自己决定。

大家试想一下,在这样的规则下,小组成员是不是会加油卖货？当然会啊，这不是普通员工给老板干活，这里面的钱有大部分是由小组自行支配的，就相当于给自己干。为自己干还会偷懒吗？当然是尽可能多卖了。就这样，赵迎光将这种小组的模式不断复制、扩大，韩都衣舍成了一个创业小集体，销售额得到了空前的提升。

赵迎光制定的游戏规则，大大激发了每个小组、每个成员的积极性，韩都衣舍6年间销售额增长了500%。2016年度营业收入14.31亿元，成为当之无愧的淘宝第一女装品牌。

韩都衣舍采用的组织架构在日本叫作阿米巴，西方人则称之为"海星模式"。乍看之下，蜘蛛和海星的外观挺像的，都是一个躯干，还有很多只脚。但消灭两者的方式却截然不同。如果砍掉海星一只脚，它能够生长出新的脚，本体不会受到任何影响，断了的那只脚还能长成一个新的海星。可蜘蛛不同，如果你砍掉蜘蛛的脚，蜘蛛就会死亡。而"蜘蛛模式"是大多数大型企业采用的一种模式。英国巴林银行的倒闭事件就是一个典型的例子，仅一家分行出现问题就导致这个经营百年的老牌金融企业被迫倒闭。

英国巴林银行作为老牌的贵族银行，在国际金融界信誉极佳，就连英国女王也是它的长期客户。正是这样一家声名显赫的银行，在1995年却突然被英国中央银行宣布破产。这一消息不仅在国际金融市场引起巨大震动，伦敦股市更是出现暴跌的情况。

第 3 章 构建游戏化组织，让工作变得更有趣

巴林银行倒闭的真实原因就在于这只蜘蛛的其中一只脚出了问题。其新加坡分行期权与期货部门的经理李森私自挪用银行资金炒作期货，亏损之后，盲目加杠杆企图挽回颓势，再次遭遇暴跌时，亏损已经达到 14 亿美元，大大超过巴林银行集团当时拥有的资本和储备之和。在李森畏罪潜逃后，巴林银行面对巨额亏损根本无计可施，大家只能眼睁睁看着这家有着 200 多年优秀经营历史的贵族银行被迫宣布破产。

中国的一些著名企业，比如海尔、联想等，都曾尝试过"海星模式"，但大多收效甚微，而优步、Airbnb 等公司却因为采用海星模式发展得如火如荼，原因何在呢？其实主要是因为移动互联网的普及。在移动互联网时代，个人能力得到无限放大，少数几个人甚至一个人就可以自成小团体，独立承担很多工作。

比如顺丰快递员在上门服务时，随身会携带打单设备、追踪设备和刷卡设备，这就堪比一家小型快递公司了。由于承担了快递公司的大部分职能，顺丰的优秀快递员月薪达到两万元左右也就不足为奇了。

ATM 机（自动柜员机）也是一个典型例子。由于人力资源、房租等各种高昂成本，现在大多数银行已不再热衷于做网点，取而代之的扩展业务方式是放置 ATM 机。通过简单的银行终端，便可实现网点的部分基本功能，大大降低了银行的运营成本，每

年还可以为银行赚到两亿多元。而且一台ATM机就算坏掉也不会影响整个银行的运营。

将员工打造成业务站点的海星模式，是中国企业未来的发展方向，而企业的职责就是为员工提供清晰且富有吸引力的规则。这种规则一旦确定，推行海星模式的企业就可以实现飞速扩张。在这个过程中，团队的管理者需要不断优化规则，包括团队的激励机制、财务结算方式和授权方式等都需要不断地提升。传统管理方式下，员工要对上司负责，工作进度向上司汇报，不可避免地会出现一些人为的效率损失；而在新的管理方式下，员工只需要对游戏规则负责，不用刻意去讨好管理者，工作效率就会大大提升。

建立及时的反馈系统

在游戏中,及时反馈与玩家的游戏时长有着密切关联。玩家在一番艰苦打斗后杀死老怪,就可以积攒经验,升级能力,而且游戏系统会掉出一些武器和装备。每到一定的级别,系统还会给出相应的额外奖励。虽然这些只是游戏中的虚拟道具,给玩家带来的心理满足感却无比真实。这种满足感会刺激他继续玩下去,所以游戏在线时间也就越来越长。很少有人能够抵挡得住这种即刻就获得满足的心理,这也是一些未成年人玩游戏会上瘾的根本原因。孩子自制力差,就会被这种满足感控制,周而复始地陷入游戏的循环里不想出来。而对游戏出品方来说,一款游戏是否成功,跟它的反馈机制是否完善有很大的关系。

例如《全民飞机大战》是腾讯出品的一款特别火爆的飞机游戏,拥有非常可观的同时在线人数。其实这款游戏并非腾讯首创,腾讯只是在收购游戏后对其反馈机制加以改进。在原来的游戏中,直接排名需要输入一些数据才可以看到,而在腾讯改良过的游戏中,玩家可以轻易看到自己的实时排名,这个排名时刻刺激着玩家的攀比心理——有些玩家对于自己在好友中的排名非常在意,为了提升自己的排名,会花费大量时间在游戏上,提升自己的游戏技巧,进而在游戏中赢得胜利。

从这个角度看,及时反馈为玩家提供了新的心理刺激点,能够有效激发玩家的游戏热情。虽然这一方式在团队管理中同样适用,但是一直以来没有得到中国企业管理者的足够重视。我参观过很多国内的互联网公司,给我的感觉是工作氛围非常沉闷。大家都忙于各自的工作,很少交流,屋子里面没有声音,只听到敲击键盘的声音响个不停。然而在另外一些互联网企业,情况却完全不同。就拿腾讯来说吧。

腾讯的"发奖文化"闻名业内。我有一个朋友是腾讯的老员工,他告诉我:"在腾讯工作,只有两件事,要么发奖,要么在去往发奖的路上。"每天早上上班之前必定会"巧立名目"开个晨会,腾讯的团队管理者总会想方设法给员工发奖。比如,为独立完成任务的员工发最佳成就奖,为任务失败的员工发最佳探索奖,员工减肥成功发一个最有毅力奖,甚至有女员工做了整容手术,还会为其发一个最佳颜值奖……总而言之,有机会一定要发奖；没有机会，创造机会也要发奖。要知道，在现在的互联网公司中，员工大多数都是80后和90后，这种轻松愉悦的工作氛围对他们很有吸引力，让他们对每一天的工作都充满期待。

提起频繁发奖，保险公司是无法绕过的话题。在金融行业，保险公司的资金实力最雄厚，现在很多收购案例背后都有保险公司的身影。保险公司的老总最得意的地方在于，他不给员工发工资，但是员工还是在拼命给他干活，这跟其他金融企业的普遍高薪形成了鲜明的反差。人们想知道，这些连底薪都没有的保险公司员工，为什么干起活来那么带劲？有一天他们请我上课，回来的时候我终于把这个问题想通了。

当天上课非常顺利，我讲完课后他们就开始颁奖了，而且每一个上台的人都会得到一个奖杯。突然，主持人请我上台，我想我也不是这个公司的员工，是不是让我当颁奖嘉宾呢？正琢磨着，他们的主管在那里宣布："给樊登老师颁发一个学识渊博奖。"台下员工开始欢呼鼓掌。虽然我不是他们的员工，但这种方式让人觉得很亲切。

这就是我在保险公司得奖的经历，这个奖杯的来历有点儿无稽，也没有证书和奖金，但是我绝对不会扔掉它，反而郑重其事将它摆在我家书架上，有时候还会跟儿子炫耀一下说："看，这个是爸爸得到的学识渊博奖。"

为什么一个人会如此在意别人怎么评价自己呢？即便是没有任何实质性的奖励，只有淡淡的一句表扬。比如有一天小组成员对你说"你真的很棒，我跟你学到了很多"，就足以让你一整天都喜笑颜开。

要了解这个问题，我们需要从人类学角度去解释。其实虽然现代人的生活环境和思维方式跟原始人相比已经有了剧烈的变化，但是我们体内仍然有原始人的影子。现代人对同伴评价的重视其实来源于原始祖先，原始人最在乎的就是同伴的评价。原始社会的生存环境异常艰苦，与天（自然灾害）斗，与地（飞禽走兽）斗，与人（其他部落）斗，每天都面临生死危机，没有同伴的原始人很难存活。因此同伴评价就显得尤为重要，所谓"众口铄金""人言可畏"，说的正是这个道理。

我在做讲师时也是如此。刚入行时，假如需要我单独发表一场演讲，上台前我一定非常紧张，演讲时难免出现逻辑不清、发音有误等状况，此时如果看到台下观众表情木然、毫无热情，这种紧张的感觉就会达到顶点，进而产生自我否定——观众一点儿反应都没有，一定是都不喜欢我。

所以团队领导者需要了解人性，那就是每个人内心的那个原始人都需要来自群体的认可。在团队中工作生活的成员，他们需要来自老板的反馈，来自同事的反馈，以及来自用户的反馈。然而，企业的管理者在给员工反馈这方面显然做得非常不够。打个比方，开会时领导通常都会说："好的，闲话就不多说了，直接进入主题，谈工作吧。"

这种谈话方式会让员工感觉非常"没劲",其中的原因就是容易让员工觉得自己的工作没有任何意义,继而丧失奋斗的激情和方向。

及时反馈是工作流程中非常重要的一个方面。管理者对团队成员工作的及时反馈,既是对员工以往工作的巨大肯定,也是对员工本身的肯定,并能为员工将来的工作指明方向。员工如果无法获得及时反馈,会觉得自己不受重视,从而迷失努力的方向。长此以往,员工的工作热情就会慢慢消失,就想着"当一天和尚撞一天钟",消极对待,最后受损的还是企业自身。

自愿参与的游戏机制

游戏的最后一个重要特征就是自愿参与、随时退出,不存在强迫性。试想,打游戏的时候如果受到胁迫,还有哪一个玩家会有兴致继续玩下去呢?

举一个极端的例子。四个人玩麻将正玩得开心,其中一个人要输了,情急之下掏出一把手枪,让其他人洗牌重来,刚才那一局不算。这种情况下,还会有心思继续玩下去吗?是不是赶紧撒丫子跑路?在受胁迫的情况下,别指望一个游戏还会继续下去,这也是我不赞成利用"怕"这种情绪来管理企业的原因之一。

我经常跟员工讲的一句话就是,要是只为了赚钱,实在没有必要绑定在公司里面上班。现在赚钱的方式很多,做滴滴司机、开早点摊都可以获得不错的收入,还比上班自由。那么一个员工为什么要放弃一种自由而多金的生活方式来公司上班呢?只能靠自愿了。

第3章 构建游戏化组织，让工作变得更有趣

在此基础上，管理者需要认识到，员工是自由的。他可以来，也可以不来。来是因为他愿意，伤害了这种意愿，员工的工作注定长久不了。

员工和企业的相处建立在自愿平等的基础上，管理者不应该采取任何强迫姿态。在这里，我想向大家推荐由里德·霍夫曼、本·卡斯诺查和克里斯·叶合著的《联盟》一书。这本书帮助很多企业改善了招聘流程，更新了用人观，最终让员工自愿上班。

《联盟》一书的核心价值，在于帮助大家认清了职场上长期流传的两大谎言。一个是管理者说的"你好好干，我不会亏待你的"。另一个是员工说的"领导你放心，我会好好干的"。当企业真正遭遇困难的时候，比如战略转型、资金吃紧，管理者首先想的就是裁员，认为只要裁员，成本降下来，企业就能渡过面前的难关。而员工时时刻刻盘算的问题是：如何获得更好的职业发展，这个工作虽然不好，但是现在先做着，骑驴找马。一旦找到更好的去处，就会毫不犹豫地辞职。因此在一般情境下，管理者和前员工见面是件非常尴尬的事情，以前一起工作时说的都是同甘共苦，转眼已各立山头。有些公司的员工和老板的关系就是这么闹崩的。

某个公司曾对员工承诺5年之后上市，结果没到5年的时候，员工辞职去了别的上市公司，老板就在各种场合说这个员工不行、对企业不忠诚等，甚至鼓动身边的朋友不要买员工新公司的股票。

为什么非要走到这个地步呢？为什么离职不能变得更加体面一些呢？其中最重要的原因就是企业管理者自己相信那个流传已久的员工的谎言，并认为员工会一直陪着企业干下去。但是在现实情况下，这可能吗？现代社会，员工平均几年跳一次槽不是很正常吗？

在人员流动如此频繁的现在，一个员工在一家公司工作了10年，或者5年，就已经算是非常不错的了。员工和管理者之间的关系越发亲近，在需要分开的时候，能否采用更加平和的方式好聚好散呢？这就需要管理者改变原有的对员工与企业关系的看法，建立新的联盟体系。

企业与员工之间的联盟体系究竟应该如何建立呢？实际上要做到这一点，在招聘环节就应该着手。在面试环节，企业可以通过多种手段进行人员筛选，挑选出自愿参与游戏的人员，从而在后期的工作中节省很多精力。

1. 找到自愿参与的人

大家知道，一些著名跨国公司，比如谷歌，它们之所以能够快速获得扩张和发展，在人事制度方面有什么过人之处吗？

谷歌执行董事长埃里克·施密特和前高级副总裁乔纳森·罗森伯格在两人合著的《重新定义公司》一书中，写到了谷歌公司异常严格的人员招聘环节，其中最大的特点就是CEO会参与其中。

按照书中说法，谷歌将经过层层筛选后留下的、在工作中不掺杂任何个人情绪的员工称为"创意精英"。

在一般公司里，员工正常工作，如果突然收到调换工作岗位的通知，虽然一般不敢直接跟老板抗议，但还是会产生一些负面情绪。比如：凭什么让他代替我的工作，这样会让我很没面子，等等。能够这样想的员工肯定不是"创意精英"，因为这些负面情绪会使他的工作速度减慢、效率降低，进而影响到企业的正常工作进度。

同样的情况发生在"创意精英"身上，会有什么不同呢？"创意精英"关注的是工作有没有因此变得更加顺利、更加出色。虽然也会产生负面情绪，但是他们并不会因此消极怠工。他们向老板报告，也只是从工作角度来谈，不会夹带任何个人情绪。换句话说，他们更加关注在人员更换之后，工作能否进行得更加顺利，而不是自己为什么会被无故调离。如果新人可以做得更好，"创意精英"反而会向他们表示祝贺并且跟他们学习工作经验。

"创意精英"的这种素质，使他们只专注于自己的工作，而不会将负面情绪带到工作中来。这其实是职场人士非常需要追求的基本素养之一，也是谷歌在人员招聘时最看重的员工素质之一。

2. 为员工设置期望值

人力资源部门最开心的事情就是招到了合适的人才，合同已经签好，员工可以上班。但这还不是招聘的终点。如果想要与员工建立联盟体系，需要人事部门接下来问员工两个问题：

第一，你打算在公司工作多久？

第二，你打算在这段时期内做到什么职位？

为什么要问这两个问题呢？这其实是通过设置员工的期望值，尽可能点燃员工的工作热情。

日本经营之圣稻盛和夫将员工分为三种：自燃型，指那种无论做什么事情都很有干劲的人；点燃型，指那种需要别人点拨才能激发内在能量的人；阻燃型，指那种无论外界如何变化，都很难激发内在动力的人。

我们在工作中最常见到的就是阻燃型员工。他们将工作做不好的原因归结于外部条件：工资太低，所以我做成这样已经可以了；老板太坏，我偷会懒也没什么，等等。有些阻燃型员工在工作很多年后，依然没有晋升，便会将问题都归咎于别人，从来也不考虑是不是自己的问题。这就是典型的所有错都是别人造成的，自己永远是被害者。他可以随便找出很多理由来消磨时光，而不是积极想办法提升自己。

这个问题产生的根源，其实是我们在前文中重点提到的中国式教育。残酷的应试教育，过早地剥夺了孩子们主动追求知识的乐趣，将学习变成了许多人一生的噩梦。孩子们在入学之前，对世界充满了好奇，总是问这是什么，为什么，满心想要探索周围的世界。但是经过十年寒窗苦读，高考之后，把书一扔，感觉解放了。上了大学之后，开始沉迷于游戏，千方百计地逃课，有的学生甚至患上了"厌学症"。

让这样的学生回归课堂的唯一动力只能来自外部，比如点名、考试、拿毕业证等。

学校教育将大部分人从主动型人格变成被动型人格，无论做任何事都会先考虑别人怎么对待他，做任何事情，都能给你说出一大堆理由。这种员工很难被改造、被激发，要想让他们主动参与某件事是十分困难的。

但是对于自燃型和点燃型员工来说，上文提到的那两个问题，就很有可能激发他们的工作热情，对后期的团队管理助益明显。

比如小张说："我想在三年之内成为一个可以独当一面的项目经理，独立运营一个频道。"

管理者就可以承诺他："三年之后，我一定将你培养成一个项目经理，让你独立运营一个频道。"

接下来就可以和他一同展望未来三年他的发展道路，并做出较为详细的规划，比如要做到这样，你必须在第一年学习哪些内容，第二年要如何发展，第三年要达到怎样的标准才能做到项目经理。项目经理需要掌握的一些技能、需要参加的会议和需要工作的时长等都可以进行预设，越详细越好。这种做法能够让员工清楚认识到：设立一个目标很简单，但是想达成目标，要付出很多努力，做出很多牺牲。这样做也可以让员工对以后的工作内容和工作场景有所预见，后期遇到问题时就不会慌乱无措。

那么跟上述招聘方式相比，传统招聘方式最大的缺点在哪里呢？

人力资源部在招聘的时候最常犯的错误就是把公司说得太好。比如：到我们公司来工作，可以有上海户口，可以有住房补贴、交通补贴等等。你用种种企业优点招聘来的，都是一些什么人呢？相比企业的发展前景，可能他们更在意的是那些招聘条件，他们就是冲着上海户口、冲着有各种补贴来的。真到了公司一看，根本没有招聘时说得那么好，每天加班怎么不早说啊，累死了。

招聘环节过分提高员工对企业的期望值，结果期望越高，失望越大。简单来说就是，本来说好要给我两颗糖的，现在你却说只能给一颗，那我自然也只做一颗糖的工。因此，对员工期望值的设置是否合理也是团队管理能力高低的一个表现。

言及于此，让我们再来看看马云的做法。马云曾经有一段轰动一时的言论："在招人的时候要坏一点，最好将丑话说在前面，比如公司的业务做起来又苦又累，时间长还没有加班费，但是公司的前景是远大的，等等。如果说成这样，还有员工要留下来，那留下来的员工就是与企业目标高度一致的人，这样的人才可以与企业一起成长，一起改变世界。"

这种说法其实与前文提到的做法有异曲同工之妙。管理者在招聘时不妨降低员工对于企业的期望值，由于前期的期望值较低，当他发现公司还有免费午餐、各种补助以及相处融洽的同事时，对企业的好感度就会瞬间提升，他就会自愿留在公司并努力工作。

3. 用协议时刻提醒员工

联盟体系的招聘过程中还有一个重要的环节：签订协议书。通过了解员工的职业规划，比如三年之内做到项目经理的位子并独立运营一个频道，企业要跟员工签订一份协议书，规定好三年之内各自的义务。但是这份协议书是没有法律效力的，不是用来胁迫员工的文件。为什么这么说呢？

大家一定有过这样的经历：一个员工到公司工作，半年之内，斗志昂扬，每天辛勤工作，半年之后可能就蔫掉了。很正常对不对？这个时候管理者是不是需要拿着当年的协议书跟员工对质："当时你是怎么说的？怎么才半年，就变成这个样子了？"这是完全没有必要的。如果管理者这样做，就变成一种胁迫，这个游戏就没办法继续下去了。这份协议书不是一份胁迫文件，只是起到提醒的作用。

管理者完全可以换一种语气跟员工说："你还记得当时咱们说的计划吗？暂时有困难不要紧，咱们一起加油！"

如果管理者是这样使用这份协议书的话，员工在接受一些工作任务，比如出差、加班的时候，就不会像以往那样懈怠，反而会认为这是老板在实现对自己的承诺，在帮助自己成长。让员工抱着一丝感恩的心态去工作，工作效果自然事半功倍。

第 4 章

理清关系,打造团队一致性

团队不应被称为"家",而应是一支球队,大家聚在一起是为了进步,为了赢得最终胜利。唯有如此,才能将团队打造成激烈商战中无坚不摧的铁军。

团队就是"球队",目标就是"赢球"

团队对于各成员来讲是什么样的存在?

很多公司经常会将公司比喻成"员工的家",这种提法太多了,什么"以厂为家""以司为家",貌似富有激励意义,其实并不妥当。大家有没有发现,家里的矛盾其实是最多的,夫妻之间,父母和孩子之间,兄弟姐妹之间,有的矛盾非常严重,有的夫妻吵了一辈子架,有的孩子埋怨自己是不是投错了胎。

在彼此关系不愉快的时候,家庭反而是一种束缚。所以一些采用这类宣传口号的企业,虽然当初的目的是激发员工的主人翁意识,但是往往会让企业的正常经营行为陷入尴尬。比如,联想当年的口号就是"联想是一个大家庭",后来联想由于发展需要,大量裁员,联想前员工在社交媒体上公开发文《联想不是我的家》,引发了社会各界对联想公司的口诛笔伐,对企业的整体形象造成了不少负面影响。

从这个例子中大家可以看出,把企业比喻成家,在一些情况下会让企业陷入很被动的局面。

那么这种被动是怎么产生的呢？大家都知道，家庭是每个人的精神港湾，家庭成员一般不会因为表现不好而受到惩罚，甚至被逐出家门。每个家庭中都存在很多矛盾，但是这些矛盾再激烈，也不会影响到家庭成员的既定关系。比如，你不能剥夺任何人做子女或者做父母的权利。

团队则完全不同，团队的存在是要达成使命，需要每个成员勠力同心。管理者对于团队中不太积极的成员做出处理时，仍然是为了团队更好地发展。如果管理者总是喜欢将团队比喻成家，就会让员工产生很多的"非分之想"：为何管理者口口声声说"我们都是一家人"，但作为家庭一份子的我却被开除了？那意味着公司为了前途可以放弃"家人"，这能是我们常识里的"家"吗？这些就是领导和员工在团队理解上巨大偏差造成的消极后果。我们需要承认，当说出"团队是家"这种话的时候，领导者实际上就做出了对员工的承诺，那就是任何时候都不会放弃员工，而这恰恰是企业做不到的。因此这种提法会使管理者在处理团队问题时陷入尴尬的境地。

对于团队来讲，应该提倡"这是我们的船""我们是一支球队"，这种提法很清楚，大家聚在一起是为了进步，为了赢得最终胜利，让团队变得更加优秀。这个目标才是大家共同的利益，为了实现这个目标，每个成员都必须进步，有一些调整是完全正常的。

第 4 章 理清关系，打造团队一致性

中国古典四大名著中，其实处处蕴含着团队管理的思想。《三国演义》中的三大阵营，《水浒传》中的一百单八将，《红楼梦》中的四大家族，无不体现着中式管理的智慧与精髓。《西游记》表现得尤为明显。能力超绝但不受管束的孙悟空、贪懒馋滑时刻想着散伙分行李的猪八戒、能力有限胜在忠诚的沙和尚、有犯罪前科但已洗心革面的白龙马，三徒弟一白马在强力管理者唐僧的带领下，组成了无坚不摧、无险不克的战斗团队，一路降妖伏魔，完成了团队的终极目标——取经。

如果将团队比喻成球队的话，员工就可以理解很多事情，主动做与团队发展方向一致的工作。如果员工与团队的努力方向不一致，就会增加团队的内耗，管理者整天就是调和内部矛盾，这样会错失很多宝贵的发展机会。由此可见，一致性在团队内部始终是一个非常重要的话题，怎么强调都不过分。

那么怎么去打造团队的一致性，让大家都向着赢球的目标去奋斗呢？

在团队的日常管理中，可以随时随地向员工传达团队的目标，这样有利于打造一致性。但是这种日常传达的效果非常有限，过于频繁的传达甚至有可能让员工心理麻木，产生不应有的效果。什么时机效果最好呢？

任何一个员工需要反馈的时机，都是打造团队一致性的好时机。

员工在倾听管理者反馈的时候，往往是非常认真的。因此管理者应抓住每一次反馈机会，向员工传达团队一致性的理念。长此以往，才能使员工与企业的关系更加密切，为完成更大的目标提供重要的信任基础。许多企业管理者往往会忽视以下两种场合，殊不知，这二者如果处理巧妙，会成为强调团队一致性的好机会。对这两个情景的解释，考验着管理人员的功力。

1. 员工离职时

在大部分的企业中，员工离职对管理者来讲仿佛是一个难以上台面的话题。很多管理者在员工离职时最常见的做法是默不作声或者说一些模棱两可的话：个人原因、家庭原因……反而引起在职员工的诸多猜测，影响他们的工作状态。

实际上，这种时候是向员工传递一致性理念的绝佳时机。同样面对员工的离职，一些优秀的管理者会说："虽然该离职员工的工作能力很强，但是其工作方向和发展目标跟我们整个团队不太一致，因此我们选择让他离开。"这样就用一致性这个标准将离职员工与整个团体划清了界限，不会对现有员工的工作状态造成负面影响。

2. 发奖金时

管理者另一个不应该一声不吭的情景是发奖金时。很多团队奖金的发放十分神秘，十分低调。员工本来获得奖金很开心，但是这种没有仪式感的行为，会让受褒奖的员工一头雾水，因为管理者不向员工解释为什么会发奖金，员工只能猜测其中的原因。这种做法非常奇怪。

实际上，我们给员工发奖金，无非是因为员工工作努力，为团队争取到了更好的发展机会，我们用发奖金的方式表示肯定。但这种肯定需要光明正大地表示出来，让员工产生一种荣誉感。同样的情况，更好的说法其实是："你做的工作跟团队的发展方向是一致的，因此会得到奖励。"

在传统情境下，领导者对优秀员工的感情是非常复杂的。喜欢他们工作努力，业绩突出，但忌惮他们一直挑战自己的权威，不好管理。这种情况下，对员工强调团队目标一致性是一个非常好的办法。

确定团队和员工的目标一致为最高原则之后，团队管理者对员工提出要求就顺理成章了。即使个人能力十分突出，如果无法协作、帮助团队进步，领导者也可以理直气壮地进行干预。就像在一支球队里，球星拿下的分数再高，但是打法太独，无法带动其他队友得分，导致球队无法赢球，这种优秀能力的意义也不是很大。

对于在团队中处处走臭棋的成员，其他成员也会感觉到这个人在影响团队的荣誉和利益，影响目标完成。即使做出让他离开的决定，其他成员也会理解和支持。

以目标一致为前提，领导者管理团队的效果会事半功倍。团队成员也会要求不断进步，避免拖后腿。员工的新陈代谢成为一种常态的时候，领导者就会发现，留下的成员都是最精锐的，在一致性的保证下，团队会以最快的速度成长，更快达成目标。

"天下没有不散的筵席"，管理者要明白员工进入公司并不意味着他可以永远在这里工作。我们彼此应珍惜在一起工作的时间，在共事的日子里，为提升员工专业技能和职业素养做出最大的努力，将团队打造成一支优秀的"球队"。即使某个员工将来离开了团队，大家也还是朋友，也会祝福彼此获得更好的发展。

在纽约证交所成立之初，当时许多名震一时的大公司，只有一家活到了今天，这就是大发明家爱迪生创建的GE(通用电气)。传奇CEO杰克·韦尔奇将GE的市值由他上任时的130亿美元提升到4800亿美元，排名也从世界第10攀升至当时的世界第一。美国的世界500强企业，60%都由GE的离职员工创办。为什么GE的离职员工都这么厉害呢？

在《商业的本质》这本书中，杰克·韦尔奇回答了这个问题："企业要将员工视为投资人。员工为企业的成长投资了最宝贵的资源——时间，因此企业要保证在这些时间内让员工有所提升，变得比从前更好。企业管理者严格管理员工，就是为了提升员工的职场价值。"

杰克·韦尔奇的管理方式可谓严苛，他曾被媒体批评为"中子弹杰克"。他曾说自己是这样管理的："尽情地咒骂，猛烈地抨击。"这种疯狂的行为，大部分中国企业家都做不来。

第4章 理清关系，打造团队一致性

在中国，任何一个团队，都信奉一种群体思想叫作"以和为贵"。大家一团和气最好，见面总是微笑，表面云淡风轻。员工表现得好，领导自然乐得省事，万一员工表现不好，领导不得不说的时候，也总是闪烁其词，欲说还休，担心过于严格会引起员工的反感，员工有了情绪反而对工作更加不利。归根结底，这是东西方思维的又一次碰撞。

"以和为贵"的东方思维时时刻刻都传递出"团队是家"的信息，让员工产生这样的错觉：领导即使不满意，也是睁一只眼闭一只眼，不会斤斤计较，不会撕破脸，因为怕被外人看笑话。而以杰克·韦尔奇为代表的西方管理者眼中，员工的目标必须跟团队一致：作为球队，目标就是赢球，"比赛第一，友谊第二"。每个成员为了这个目标都必须竭尽全力，需要成为虎狼，而不是绵羊。

当各成员都认可目标一致性的原理时，1+1 就会产生大于 2 的效果。团队中的每个人都会自觉通过不断进步来提升自我价值，从而获得更好的收入，没有人会幻想混日子就可以向上爬。这种一致性能够有效激发团队成员挖掘自身的潜能，不断鞭策自己进步，最终实现团队利益和个人利益的"双赢"。

"加薪"也是一个非常敏感的话题。上述情况下，成员的价值获得提升，加薪是早晚的事。但是一些原地踏步的员工也想加薪，事情就会变得比较棘手。网络上曾经流传一个职场小白的段子，很有道理。

小白去找老板要求加薪:"老板,我都工作十年了,有十年的工作经验,你为什么不给我加薪?小王才刚入行两年,你就给他加薪,这是为什么?"

老板回答他说:"你确实工作了十年,但实际上你只有半年工作经验,你只是将这半年经验用了十年而已。"

这个段子带给我们很多启发。对于职场人士来讲,如果在工作中没有开拓新领域、获得新能力,只是在日复一日地重复,所谓的"工作经验"是非常廉价的,不会对个人职业前途有任何帮助。要想提升个人职业价值,不断学习是最快的捷径,不学习就不会有进步。

员工的进步跟管理者的严格管理有很大的关系。管理者一定要知道,让员工进步不仅是员工自己的事,也是团队最大的成就,是团队自信的底气。只有员工不断进步,团队才能获得长足的发展,最终赢得比赛。

从现在开始,理直气壮地管理员工吧!团队管理者严格管理团队成员,是对成员的工作时间负责,是为了成员可以更快地增值,拥有更强的职场竞争力。时间是管理者的朋友,员工可能当时难以理解管理者的良苦用心,但在三五年之后,时间会给他们答案。

把你要员工做的事,变成他自己要做的事

让我们来想象一个情景:一根不是很粗的绳子,放在桌子上,我们不借助任何工具,要怎么做才能让其向前移动呢?方法有两种,从后面向前推或者在前面拉。但是甚至不用实际操作,凭着想象我们就会得出结论:第一种方法不可能得到预期的结果。这是因为绳子很软,向前推,绳子要么乱成一团,要么转变方向。而在前面拉则可以轻松达到目标。

团队管理工作也是如此。员工就像那根绳子,在后面推(批评、督促、惩罚)并不能从根本上解决问题,甚至会让员工产生逆反心理,丧失工作的积极性。相反,如果你能让员工意识到努力向前是他自己的事,然后在前面拉一把,那么员工常常能够爆发出惊人的力量。

你永远无法叫醒一个装睡的人。团队管理更是如此。很多员工始终觉得自己是在为老板工作、为企业工作、为父母工作、为孩子工作,反正就不是为自己工作。所以,你不推,他不动,甚至你推,他

也不动,整个人干劲不足、积极性不高。这种人的工作业绩可想而知。相反,如果你能把自己想要让员工做的事,变成他们自己想要做的事,他们就会迸发出更大的热情,有更大的动力,这样团队管理工作就会顺畅许多。

对此,我总结了一个"三级火箭"管理体系。众所周知,火箭拥有三级推动系统,第一级决定火箭能否飞起来,第二级决定火箭能否到达顺行轨道,第三级决定火箭最终飞得有多高。团队管理也是如此。

1.强化员工为自己工作的观念

对于团队管理来说,第一级推动系统便是强化员工为自己工作的观念。

> 小米科技创始人雷军还在金山工作时,会在新员工入职培训的时候对他们说:"在你上班的第一天就要告诉自己,我在这工作,每天的工作就是来增加我的能力、我的接触,丰富我的经验,我不是为公司工作,也不是为领导工作。"

这其实就是强化员工为自己工作的观念的一种方法。员工的观念——为自己工作还是为老板、企业工作,直接决定了他们工作的结果,也就决定了团队管理工作的成败。

但在实际工作中,很多员工从不认为是在为自己工作,管理者想要强化这种观念的确有些困难。15%的人相信才能看见,80%的人看见才能相信,5%的人看见也不相信。而管理者要做的就是帮助员工看见,看见工作为他们带来的改变,让他们相信。这样才能强化员工为自己工作的观念,最大限度地调动他们的工作积极性。

2.用共同的目标管理

第二级推动系统是用共同的目标管理。我们无法让大家拥有共同的价值观,但可以让大家拥有共同的目标。

> 从创业开始,马云就始终强调:"不要让你的同事为你干活,而要让他们为我们的共同目标干活,团结在一个共同的目标下,要比团结在一个人周围容易得多。"所以,我们可以看到,马云的身边始终围绕着一批最出色的人,他们挥洒汗水,甚至在艰难时刻也不离不弃,因为在他们看来,阿里巴巴终能实现他们共同的目标。

没有高薪、没有高位,就能让各路精英始终为集体的目标释放激情和干劲,这就是目标激励的魅力。我们可以想一下,如果马云不懂管理,如果他的员工也像其他企业的员工那样,认为自己做的工作,完全是在实现老板的目标、企业的目标,那么阿里巴巴还会有后来的成就吗?必然不会!缺少了这种为自己目标工作的心态,员工的参与意识、主人翁意识都会减弱,而这势必影响工作的效果。

所以，在团队管理过程中，管理者要注意，一定要让员工意识到，这不是企业的目标，不是管理者的目标，而是所有人共同的目标，然后让员工看到目标实现后可能带来的变化，让他们心甘情愿地做好自己的事情。

3. 适度、有效授权

第三级推动系统是适度、有效授权。要想让员工把工作当成自己的事情，就应该适度授予他一些相应的权力，如此一来，你会发现员工的卖力程度和能力超乎你的想象！

在一次培训中，一家企业的销售总监跟我讲，他做得最正确的事情就是将手里的权力部分下放给了手下的几个经理。有了这些权力，这些经理们原本只有七分的干劲涨到了十分，能力提升非常显著，而这个销售总监自己也有了更多的时间去做战略、运营、统筹等更重要的事情。

每个人都具有无限潜力，关键看你怎样去开发。用好这套"三级火箭"管理体系，有助于管理者调动员工的激情，把自己希望员工去做的事情变成员工自己想要去做的事情，这种改变带来的力量足以让一个员工从平庸走向卓越，而这也必将给企业带来实实在在的回报。这无疑是团队管理的最高境界，没有其他任何一种管理方式带来的效果能出其右。

前员工是熟人，而非路人

接下来，我想谈一个很多管理者感觉非常棘手的问题——如何处理与前员工的关系。这一问题貌似多余，但其实是很多管理者感觉非常困扰的问题。为什么呢？你对前员工的态度，现有员工会看在眼里，放在心上的。如果跟前员工的关系处理不好，就容易对现有员工造成消极的心理影响，致使整个团队军心动摇，为日后的发展埋下隐患。

那么，你的员工是如何变成前员工的呢？让我们从头来梳理一下。

你招到一名合适的员工，他开始按你的要求工作，工作了一段时间后，他会对公司团队文化形成一种自我判断。转眼间，合同期限马上就到了，员工和管理者重新回到了谈判桌上，此时无外乎出现以下两种情况。

第一种情况，员工说："合同到期了，感觉团队氛围很不错，愿意与团队一起成长，愿意续约。"这时，如果企业也同意员工留任，就可以与员工探讨续约合同签几年，以及几年之后员工想达成的职业目标，按照员工既有的职业规划行进。

第二种情况，员工说："合同到期了，但是我由于某种原因不想续约，请领导批准。"出现这种情况，一般意味着该员工已经找到了新的职位或出路，管理者正确的做法应该是恭喜该员工，并尽可能为该员工适应新环境提供帮助。比如，开具辞职证明、办理关系转移等等，并祝福员工以后工作顺利。

"天下没有不散的筵席。"人和人之间的相聚本来就是非常短暂的。管理者一定要明白这一点，员工虽然离职去了别的公司，但他并不是"背叛"了企业。他只是从团队的成员变成了团队的"熟人"。

不幸的是，我们经常看到的一种情况是，国内有一些公司的管理者格局不够大，跟每一个要走的员工都会闹翻，甚至采取各种手段把人逼走。这样一来，企业不仅失去了前员工可能带来的发展机会，也让在职员工人心惶惶、心生忌惮。

无论是从企业未来发展的角度，还是安抚现有员工的角度来看，对待前员工的态度都要慎之又慎。管理者对待前员工，应该像对待企业功臣一样。不要以一己之私，跟每一名员工都撕破脸，感觉全世界都对不起你，这种小家子气的做事方法是不能长久的。管理者需要拥有更大的发展格局，更宽阔的胸怀。其中最重要的认知转变是，我们需要承认和坚信：前员工不是陌生的"路人"，不是"背叛"了我们，他们是非常宝贵的资源。

那么，善待前员工对企业究竟有什么好处呢？

1. 给现有员工的示范作用

前员工在公司里工作了一段时间，跟公司一起成长，在团队成员中具有一定人脉和影响力。管理者千万不要小看这种同事关系。在一个团队中，员工永远对自己同事的遭遇感同身受，也会从同事的遭遇中推断老板的性格。可以说，这是办公室的天然法则。

企业妥善处理与前员工的关系，会给现有员工起到非常好的示范作用。现有员工会很容易感受到公司和老板的善意。他们会想，对待离职员工这么好，跟着这样的领导做事一定不用担心被亏待，工作会更安心、踏实！

2. 维护企业的口碑

在团队内部，管理者和员工处于相对对立的位置。但是在企业外部看来，前员工曾经是企业的一员，他的话对于企业的影响丝毫不逊于现有员工。

处理好与前员工的关系，还可以维护企业在业内的口碑。在企业口碑的树立过程中，客户的意见甚至都不是最重要的考量因素，而前员工的话经常会一石激起千层浪。人们会想：一个企业是如何逼走为自己辛勤工作的员工的？管理层是不是唯利是图？这样的企业值不值得继续合作？对待自己的员工都如此苛刻，更何况其他人？

3. 为企业带来新的发展机遇

一般情况下，员工离职后仍然会在行业圈子里发展。这类前员工无论在哪个新公司就职，都会给老东家带来新的合作机会，带来新的发展机遇。如果企业维持与前员工的关系，就相当于在其他企业拥有了"熟人"，企业的业务拓展多了一条熟路。俗语说"朋友多了路好走"，多一个朋友，对于企业有百利而无一害。

我想很多人对于前员工带来的前两种影响力有可能不屑一顾，但是对于第三种影响力往往无法忽视，因为对于任何企业来讲，能开发新的合作机会总是好的。

善待前员工，真的可以带来商业机会吗？究竟应该怎么做呢？

1. 建立前员工联盟

很多著名跨国公司都有前员工联盟这类组织，每一年都会邀请所有前员工参加聚会，为大家分享业内合作机会，增进前员工与企业之间的联系。这种做法在西方管理体系中被称为"前员工计划"，是企业扩展商业领域的重要手段之一。

宝洁公司是全球日化用品的领导者，它的前员工联盟有25万多人。我曾经参加过一次宝洁公司的前员工聚会，大家在一起谈论在宝洁的工作经历以及新公司的趣闻，没有丝毫尴尬。最有意思的是,他们经常一见面就互相询问对方是哪一届的——在宝洁公司的工作起始时间。这种提法非常像我们经常参加的校友聚会。这是宝洁前员工聚会的一个整体氛围。

前员工将宝洁公司当作一个商学院,每一个人都对这个企业充满感激之情。虽然宝洁公司员工的待遇跟现在的一些金融企业和互联网企业相比不算高,但是很少出现前员工与宝洁公司闹翻的情况。甚至有的前员工数十年如一日地向身边朋友推荐宝洁公司的内购商品。可以看出,虽然已经离开多年,但是他们仍然发自内心地热爱着这个老东家。

无独有偶,LinkedIn(领英)是全球最大的职业社交网站。它的前员工群有15万人左右,98%分布在美国500强公司里。因此,LinkedIn的现任员工很容易就能在其他公司找到熟人帮忙办事。

这种前员工联盟的形式也广泛存在于国内很多企业中,比如阿里巴巴集团,每年都会有一万多人参加阿里巴巴的前员工聚会,每次聚会马云必定出席,与这些前员工侃侃而谈,谈投资,谈合作机会。这些阿里前员工组成的企业团队被惯称为"阿里系",与腾讯系、百度系等同为业界美谈。

2. 投资创业员工

除了另谋高就,员工离开企业也有可能是因为他想自己创业。企业要做的事情就是,评估前员工的项目,争取为员工提供创业支持,对员工的项目进行投资,并调动一切资源,帮助新项目获得成功。

PayPal的创立者彼得·蒂尔在自身事业已经非常成功的前提下,对多名离职员工的创业项目进行了投资,获得了丰厚的回报。其中一个前员工的项目叫作Facebook(脸谱网)——前期投资50万美元,截止到2017年5月下旬,其市值为4225亿美元。

此后不久,PayPal的创始元老之一、毕业于耶鲁大学的程世峻也打算辞职创业,同样获得了PayPal的投资,彼得·蒂尔也因此获得了巨额的回报。程世峻的创业项目不久后声名鹊起,叫作YouTube(美国一家大型视频网站)。

PayPal投资的其他知名项目还有很多,比如美国版的大众点评网站Yelp,与美国航空航天局签订合作计划的太空探索技术公司SpaceX,以及在电动轿车领域至今无人能敌的特斯拉。不过,彼得·蒂尔在2016年最大的投资应当算是美国新任总统特朗普,在硅谷的创业大佬中,只有他赞助了特朗普,毫无疑问,他的投资又将得到丰厚的回报。

第 4 章 理清关系，打造团队一致性

为什么我们鼓励企业对离职的创业员工进行投资呢？这跟投资行业的属性有很大的关系。

众所周知，投资人最关注的就是创业者或者创业团队是否靠谱。作为一个投资人，与其带着大量资金投资于一个有几面之缘的陌生人，还不如投资已经在一起工作很长时间的前员工。至少，在一众项目中，前员工是企业最了解的创业伙伴，管理者对于前员工的工作状态、工作能力、与人相处的能力、谈判能力和意志力等方面都了若指掌。相比随便将资金投给陌生人，投给前员工的风险要小很多。

从另一个层面讲，投资给前员工也是公司快速扩张的一种重要手段。

> 广东芬尼股份有限公司成立于 2006 年，通过鼓励内部员工创业，已经成立了 10 多家新公司。公司的经营范围也从泳池热泵这样的细分领域，覆盖至中央空调、空气能热水器、净水器等诸多领域。公司从默默无闻的代加工企业一跃成为新三板上市公司。

人是企业最宝贵的资源，无论是在职员工还是离职员工，只要与企业相遇过，就一定会为企业的发展创造价值。成为一个优秀的管理者，首要的条件就是重视人，培养人。

第 5 章

用目标管人,而不是人管人

目标是一切管理的基础和开始。对于个人来说,目标是内心坚不可摧的精神支柱;对于企业来说,目标是推动企业发展的最大驱动力。

企业管理，说到底就是目标管理

什么是目标？那种让人朝思暮想、做梦都想、时刻不忘，而且一想起来就会热血沸腾的，才能叫目标！毫无疑问，这样的目标必然能产生极大的驱动力，让人为了达到目标不断努力，甚至浴血奋战。

在企业中，目标和目标管理同样重要。西方管理学大师彼得·德鲁克在《管理的实践》一书中就已做出论断："企业管理说到底就是目标管理。"目标管理贯穿整个企业内部的各个层级，对每个成员都能起到积极作用。目标管理就是要从目标层面调动团队各成员的工作积极性，完成共同的使命。由于团队中人员层级不同，各自任务目标的设置方法也不一样。具体来讲，团队目标包含以下三大类型（如图5-1所示）。

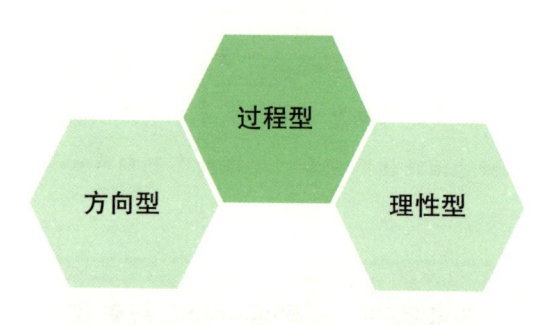

图 5-1　团队目标的三大类型

1.方向型目标

方向型目标是指团队奋斗的大方向。它像灯塔一样，指引着团队各成员奋斗的最终方向。比如，"人类智慧的供应商""建设小康社会"这类目标就是方向型目标。这个类型的目标一般比较模糊，但是又很能鼓舞人心，说白了就是听起来非常高大上。这类目标一般由公司高层直接制定。就拿做饭来说，方向型目标就是你要做一桌既好吃又好看的饭菜。

大家看《西游记》里谁最厉害，多数人会选择孙悟空最厉害，上天入地，斩妖除魔，无所不能。其实我认为最厉害的是唐僧，这并不是因为他有紧箍咒能降住孙悟空，主要是因为他有愿景、有使命在背后支撑着，让他看到了远方。

一个看似没有本事的平凡人，一个连小妖精都打不过的矫情和尚，到最后却能取得真经。为什么？

第 5 章　用目标管人，而不是人管人

一方面，因为唐僧有一个非常好的团队：孙悟空能打胜仗，能完成超难任务，是团队里的明星员工；猪八戒是团队里的润滑剂，能很好地活跃团队气氛；沙僧做事勤勤恳恳，任劳任怨，是团队中的老黄牛型员工。

另一方面，也是最重要的一点，唐僧是这个团队的师傅，是这个团队的首脑，他为这个团队定了一个方向，那就是去西天取经。没有别的目的，就是取经，然后传颂经典，普度众生。

如果唐僧团队没有方向会怎么样？最后团队到了大雷音寺，肯定是不知下一步要做什么了，团队就会迷茫。但唐僧是定方向的人，他知道到了大雷音寺要做什么，就是要取得真经。

唐僧之所以被叫"师傅"，就因为他是定方向的人。"师傅"定方向，团队跟着走，才能实现最终的目标。

马云就是阿里巴巴的"唐僧"。阿里巴巴成立之始，马云就定下了一个方向型目标——让天下没有难做的生意。有了这个大方向之后，阿里开始在互联网上寻找自己的布局。从最初的B2B到C2C，从淘宝上线到天猫，从推出支付宝再到蚂蚁金服，到最后致力于企业的商务服务。近20年的发展，马云把阿里巴巴打造成了世界级的航母企业。马云就是这艘航母的总舵主，是把握方向的。

从长远来看，团队比的是方向和规划。方向不对，努力白费。诺基亚的方向是生产出更实用的手机，而苹果的方向是生产出更智能的手机。对错是非，时间已经给出了最明确的答案。

2. 过程型目标

过程型目标是指团队近期可以达到的效果。这个类型的目标一般都是具有一定逻辑性的，结构性也比较强，比如今年第一季度销售额要优于去年同期。这一类目标，一般由企业的中层管理者基于对战略性方向型目标的正确拆分来制定。由于过程型目标起到承上启下的作用，同时涉及企业各环节、各部门之间的协调运作，制定起来非常复杂。

作为过程型目标的制定者，中层管理者需要充分收集方方面面的资料作为参考，对各部门的实际能力进行合理评估，对需要授权的区域和类型要有明确的划分，对目标考核的可行性要有具体的方案等，这些都是过程型目标制定中需要注意的细节。还拿做饭来打比方，这一目标就是你要确定自己做饭的大体过程，比如先做主食、后做菜品之类的，你要先整理什么材料等等，免得做的时候手忙脚乱，把厨房弄得像战场。

3. 理性清晰的具体目标

具体目标是指一些具体的数据指标。比如，销售额达到 6000 万元,订单量突破两万,客户满意率100%等。这样的目标一般由基层管理者制定,分发给各个具体成员,用于指导成员日常工作。对于基层管理者而言,由于管理区域有限,人员有限,对执行力的要求就比较高。制定的目标要根据员工的实际能力而定,并尽全力帮助员工解决工作中遇到的困难,保证最后能够完成任务。这一步就相当于做饭的动手时刻,你要准备多少主食多少菜,每道菜要用多少食材,每一步都要按部就班,只有这样你才能做出一桌色香味俱全的饭菜。

在企业设置目标的时候,以上三个类型的目标就构成了企业的目标管理体系。这三类目标相辅相成,缺一不可。方向型目标需要落实到具体目标才有可操作性,而每一个具体的目标都需要与关乎大局的方向型目标保持一致,才能对公司的发展有利。过程型目标是具体目标一步一步接近方向型目标不可或缺的步骤,是目标管理体系中至关重要的部分。

此时,团队管理者的价值和意义也就体现出来了。管理者不仅是方向型目标的践行者和推动者,保证企业每一个员工的行为都围绕方向型目标展开,还是团队具体目标的制定者和维护者,必须保证团队具体目标和企业目标是一致的,同时保证团队制定的具体目标活动能够得到有效开展和落实,通过促成过程型目标的实现,最终实现企业的方向型目标。

目标,是企业的愿景和灵魂。推动企业方向型目标的完成,则是团队管理者存在的意义和使命。一个有使命感的团队管理者，代表了企业真正的魂。也只有这样的团队管理者才能谋划千计万计、克服千难万难，一步一步地朝着企业的方向型目标前进。而只有以企业的方向型目标为导向，整个团队的管理工作才能有章可循、条理清晰、一通百通。

目标管理的四大难题

毫无疑问,在企业中推行目标管理体系是一件既能提高企业效益,又能提升团队凝聚力的好事,但这丝毫不意味着设置目标是一件容易的事情。甚至,在给企业做培训和咨询的过程中,我听到很多团队管理者叫苦连连。一方面,他们在实际的日常管理工作中,对目标管理体系有一些质疑,另一方面,他们也体会到了设置目标所带来的苦恼。

1.成员参与度不够,执行积极性不高

关于目标,飞利浦CEO万豪敦曾经说过:"设定目标并不困难,如何找到一个有实践意义的目标却不容易。而且,要想实践这个目标,还需要争得团队中每个人的赞同,做到这一点是最困难的,毕竟众口难调,一个人有一个人的想法。"

企业在目标设置的环节最经常出现的问题就是各成员参与度不够。目标由管理层"拍脑袋"设置，并没有经过真实的调查研究，管理层设置好后就分发给各级成员。员工在毫无准备的情况下突然被设定了一个具体目标，对这些目标能否完成就会产生一些争论和质疑。这样设定出来的目标，很容易会使成员的工作热情受挫。

解决这一问题最好的办法，就是让每个成员都参与进来。这样一来，成员对目标体系的认知会更加清晰，从而更加充分地认识自身目标的重要性，执行起来也就更加顺利。

稻盛和夫先生被称为"日本经营之圣"，一手打造了三家世界500强企业，成就斐然。但就是这位"经营之神"，在刚开始管理团队时同样遭遇过失败。

京都陶瓷创办之际，百业待举。出于快速发展的目的，稻盛和夫不断要求员工加班。他的初衷是为企业着想，但却遭遇了一次大罢工。这是因为当时企业目标只存在于几个少数的管理者心中，员工并不清楚。员工只知道每天加班、加班，还是加班。久而久之，身心俱疲，最终爆发了罢工。员工的态度非常坚决，必须加薪、增加奖金。经过三天三夜的艰难谈判，企业终于和员工达成了共识。

作为员工，如果没有更高层次的追求，就会在低层次中跟团队管理者斗智斗勇，以追求自身利益的最大化。正是汲取了这次失败的教训,稻盛和夫在领导日航破产重建时,上任的第一天就说了一句激励人心的话,让无比消沉的日航员工瞬间激情澎湃:"让我们为了日航而奋斗吧。"有了这个目标的激励,员工迅速恢复工作热情,站在生死边缘的日航也在不到3年的时间里起死回生,于2013年9月在东京证券交易所重新上市。

如果有成员不知道团队目标,那么他就可能成为团队的"负力"。团队不只是管理者的游戏,更是所有团队成员的共同平台。要想让员工在目标管理的作用下爆发最大的激情和干劲,首先就要保证这个目标是在全体团队成员的共同参与下制定出来的。共同参与有几个要点:

(1)整个目标管理的过程必须以团队成员为主导。
(2)在目标管理的过程中必须进行充分的目标对话。
(3)管理者和员工在目标管理的过程中地位平等。
(4)必须确认这个目标是双方都认可的。

这样做的好处是能够保证双向沟通,让管理者和员工更加了解彼此的期望,同时也能让员工充分理解团队目标,提升参与感,进而更好地发挥自己的热情和能力,为实现团队目标贡献自己的力量。

2.资源匮乏

目标,对于团队来说可能是效益,对于管理者来说可能是业绩,但对于员工来说,可能是任务和压力。出于本能,员工会因此为自己尽量争取更多的资源。一般来讲,掌握资源较多的团队更加敢于设立更高的目标,而掌握资源较少的团队则倾向于设置相对较低的目标。在实际操作中,很多人都会过度强调目标和资源的矛盾,将目标的设置与资源捆绑起来,不去追求更高的目标,或者放弃设置目标。在我看来,虽然资源是限制目标设置的一个因素,但它绝不是最重要的。请看下面的案例。

曾有一位联合国的官员被派驻越南,他的任务是提高越南儿童的营养健康水平。下飞机后,他发现自己既没有办公室也没有经费,甚至连当地的语言都不懂,可谓没有任何资源。

苦思冥想后,这位官员想到了一个办法。他从越南各地各阶层中通过测量身高挑选出了一批高个儿的孩子,然后排除其中家庭条件优越的,仅留下了家庭条件一般、身高却比同龄儿童高出一截的孩子。

他的逻辑很简单:身高也是营养水平的一个重要标志,除了特殊情况,一般个子高的孩子营养水平都会比个子矮的要好一些。因此被留下的这些孩子的营养健康水平相对来说一定不错。在家庭环境相当的情况下他们的家庭是怎样做到的呢?为了找出其中的原因,这位官员让这些孩子带他去观察他们各自家庭的饮食情况。

经过大量走访，这位官员发现这些孩子每天都吃四顿饭，他们的家人经常会抓一些小虾米做菜，还会在米饭里加入紫薯叶熬出的汁液。这些都是当地可以利用的自然资源，并不会提高家庭的日常开支，且容易推广复制。

于是，该官员便将其他家庭的妈妈们召集起来教授她们这种饮食方式，并将之推广到越南全境。就这样，他在没有任何资源的情况下，将越南儿童的营养水平整体提升了整整20年。

通常情况下，企业的整体目标一定是一个超过当下企业和员工实力的目标，具有一定的挑战性，若能轻易达到也就不能称之为"目标"了。这位联合国官员使用的方法叫作"找亮点"，是指在发现实现目标的匹配资源不足时，用突破性思维方式去寻找解决问题的办法。从某种程度上来讲，资源匮乏的情况在当下基本不存在，我们身边到处都有资源，只要有足够的创意，就可以收获意想不到的惊喜。

3. 目标拆分不合理

通常情况下，管理者从上层领导者那里领到方向型目标之后，需要将之拆分以获得具体目标，再布置给团队各成员。管理者的任务是保证团队各成员的目标与方向型目标是一致的。目标拆分一旦出现问题，就会出现分目标实现了但整体目标没有实现的情况，其实就是因为分目标远离了方向型目标，也是我们俗称的跑偏了。跑偏过的不只是小公司，大公司也这样。

戴尔公司在发展过程中，曾经遭受过一次重创。当时戴尔公司刚刚换了CEO，新CEO走马上任后，发现戴尔的销售业绩主要靠电话销售实现。为了提升销售额，他要求每名销售人员增加拨打电话的次数，并为每个员工制定了具体目标。

在具体目标的规定下，为了增加拨打电话的次数，员工不得不提升自己的语速，挂客户电话的情况也日益增多。如此一来，客户的满意度大幅度下滑，戴尔公司的客服部门收到了大量的投诉，对销售额也产生了直接影响。

出现这种情况的原因，是管理者对团队成员的具体目标拆分失误，新的指标不能很好地指导公司的发展方向。设置目标是一个系统工程，管理者需要根据实际情况进行具体评估，再做出合理的规划。

4. 目标总在变化

对于目标管理，刘经理有一肚子话要说："年初的时候，刚刚说完我们团队的目标是华北地区的客户，员工们个个摩拳擦掌，准备好好大干一场，现在却又把目标改成东北地区。这让我怎么向我的员工交代？"

的确，这种情况着实让团队管理者颇为苦恼。但是企业经营毕竟有很多不确定因素,而且外部环境和内部环境都在快速地变化,企业迫于经营压力,只能调整自己的方向和目标。于是,刘经理遇到的情况就会反复出现:团队管理者刚刚和员工讨论完目标管理的细节,或者员工正在努力实现目标,上级部门突然变了卦。那么,在这种情况出现后,团队管理者应如何应对?

(1)理解企业决定

团队管理者要明白一点,任何事情都有不确定因素,企业不断地调整方向和目标也是为了更好地发展,因此首先要理解企业的决定。如果连管理者都抵触企业的决定,员工自然更无法接受,最终的结果只能是企业目标完成不了,企业和员工的发展也受到影响。

(2)提前准备预案

面对这种情况,管理者还必须做到:在设定目标时,要着眼于近期可以实现的目标,对于那些可能发生变化的、不太确定的目标,要提前设定几种情况,然后分别制定出不同的方案,以应对随时可能发生的变化。不仅如此,管理者还要给员工打预防针,让员工能够有一个心理准备。

以上就是目标管理体系中经常会遇到的四大问题。目标管理和其他任何一种管理工具或管理制度一样,都不可能尽善尽美。管理者要做的就是打消员工的疑虑,找出方案中不太完美的地方,尽可能去完善它。唯有如此,目标管理才能发挥最大的功能,取得最优的效果。

明确量化的目标才是好目标

在西方管理学中,目标管理领域有一个非常著名的SMART法则。通过这个法则,管理者可以较为容易地为团队成员制定出科学、合理、可实现的目标。

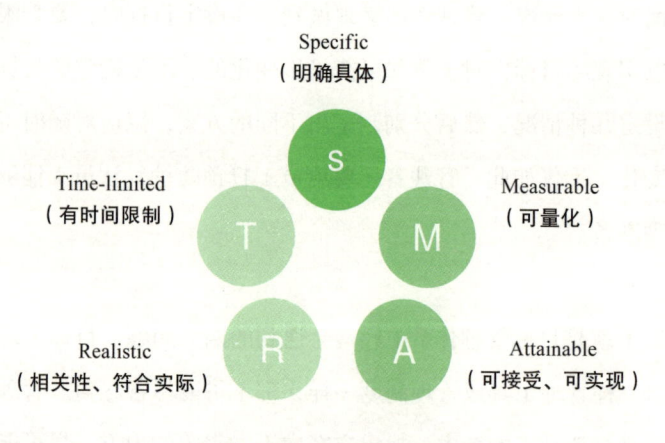

Specific
(明确具体)

Time-limited
(有时间限制)

Measurable
(可量化)

Realistic
(相关性、符合实际)

Attainable
(可接受、可实现)

图 5-2　SMART法则

第 5 章 用目标管人，而不是人管人

1. S=Specific（明确具体）

目标必须是明确具体的，只有这样团队成员才能正确地理解，才能知道如何操作。简单来说，就是指总的销售额、每个团队的销售额、每个人的销售额、完成时间、责任人、可提供的资源和支持等要素都必须明确具体，并且能够有效地传达给所有成员。

2016年底，北京一家日用品企业的梁老板告诉我，他们公司将2017年的销售目标设置为800万元。说实话，这个目标远远超出我的预想。梁老板的企业是实体企业，手下只有8名销售员，2016年全年的总销售额只有300万元，销售员完成起来已经略微吃力了。如果说来年总销售目标是450万元或500万元，还算比较客观，完成起来既有些难度，又非完全不可能实现。

目标如此离谱，那梁老板又为何要制定出这样一个销售目标呢？原来，眼看身边朋友的企业不断扩大规模，销售总额动辄数千万元，梁老板有些着急了。为了提升团队的整体销售额，梁老板一方面扩大了招聘规模，另一方面又试探性地为团队制定了800万元的销售目标。然而，这个目标不但没起到激励作用，反而吓坏了团队里的小伙伴们："800万，平均一个人100万，完不成目标的话底薪不多，奖金还有限……"整个团队人心惶惶。

梁老板在制定目标时明显有问题。他只制定了一个总体的目标，没有细化和完善其他环节，传达时也未将扩大招聘规模的信息告诉销售人员。也就是说，他不仅没让员工明白实现这个总目标的计划人数，也没有给出具体的资源支撑，这就直接导致销售人员望而生畏。

所以，团队管理者在制定目标、传达目标时，一定要做到明确具体，让团队成员真正理解并接受。

2. M=Measurable（可量化）

上海的张经理曾费尽周折找到我，说团队发展后劲不足，他自己也很茫然，不知道如何是好。其实，这也是团队管理中极易出现的一个问题。结合我多年的研究和实际接触的案例，我首先问了他一个问题："你们的公司有目标吗？"

"有啊！"张经理脱口而出。

我继续追问："那你们公司的目标是什么？"

"我们的目标就是将团队做大做强。"张经理回答得理所当然、理直气壮，丝毫没觉得他制定的目标有何不妥。

张经理公司的目标，也是很多团队管理者的共同目标——将团队做大做强，听起来很是远大，一片公心也令人赞叹，但这真的是目标吗？当然不是。目标必须是可量化的，"做大做强"这种词过于空泛，也没有什么实际指导意义。你必须制定一个可衡量的数据目标，比如，我要将团队销售额提升50%，我要成为全公司业绩第一、绩效考核超过第二名10%的员工，这些才是可量化的目标。

3. A=Attainable（可接受、可实现）

如果制定的目标不被团队成员所接受，那么管理者制定出的目标就是一个摆设。想要团队成员都能接受这个目标，必须保证两点：第一，这个目标必须是可接受、可实现的；第二，在传达的过程中必须做好沟通工作。

某公司大中华区曾多次请我为其提供内训，其中有一次我听该公司的员工说他们从未实现过自己的目标。这种情况令我十分意外，打听后才了解到具体因由。

原来该公司的目标管理体系是逐级增加型，员工提出的具体目标到了执行者那里会被往上加一级，到了管理者那里再加一级，所以最后汇总时的目标就会远远超出员工实际能力。也因此，该公司大中华区从未实现过阶段型目标。这就像是，你说你可以做一份工，你的上司觉得你肯定为了给自己降压才说只能做一份工，于是做主为你加了一份工；他的上司也是这样认为的，再加一份。到最后，下发的工作量远远超出了自己实际的工作量。明明你只能做一份工，老板却要你做三份，很显然这是做不到的。

对于这种情况，普通员工大多习以为常，但是目标没有实现就没有年终奖,最终的结果就是该公司大中华区的员工离职率远高于行业平均水平。

该公司大中华区在制定目标时高估了团队成员的实际能力,忽视了企业的实际情况,使目标完全没有可实现性。如此一来,目标自然难以完成。

4. R=Realistic(相关性、符合实际)

任何事物都不会孤立存在,目标也是如此。在制定团队目标时,管理者还必须综合考虑市场、竞争对手、产品竞争力、消费者消费习惯等各因素,全面、客观地看待问题,以确保制定的目标符合实际情况。

如果用这些因素去衡量上述公司大中华区制定的目标,你会发现他们在制定目标时仅凭个人感觉,基本没有考虑其他实际因素,属于典型的"拍脑袋"决策,不切实际。

5. T=Time-limited(有时间限制)

第二个案例中的张经理在听了我的"目标必须可量化"理论后,若有所悟。他结合团队现状,重新制定了自己的目标——将团队绩效提升20%。然后他问了我一个更关键的问题:"这样就可以了吗?"

这样就可以了吗？当然还不够，目标还必须有具体的时间要求。比如，张经理新提出的目标——将团队绩效提升20%，具备了可量化的因子，但要想真正实现目标管理，还必须给出具体达成目标的时间，比如说，在一年之内将团队绩效提升20%。这样的目标才真正具有指导和管理作用。如果没有具体的时间限制，目标形同虚设。

套用公式制定团队目标

为了更好地为团队成员制定目标,我总结了一个简单易学的工具——目标书写公式,团队管理者不妨直接套用。这个公式的整体形式如图 5-3 所示,即目标书写=动词+任务+指标+目标。

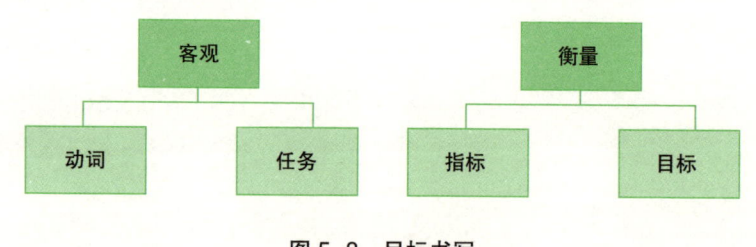

图 5-3 目标书写

1.动词+任务

动词+任务是指实现目标的手段,即做什么才可以达到目标,比如提升+销售额、更换+电脑操作系统、招聘+专业人员等等。

2.指标

指标是指在一系列工作中可以测量的数据指标,比如出勤率、销售额、招聘人数、客户满意度等等。对于一些关键的指标,管理者在制定目标时应参照以下流程:

(1)确定业务重点,即确定公司发展的业务。
(2)确定业务成功的关键因素。
(3)确定关键指标。

比如,在呼叫中心话务员的业务衡量指标中,有两个重要指标:通话时长和通话次数。这两个指标可以反映话务员的工作状态。通话时长即每天与客户交流时长,反映的是话务员的沟通能力;通话次数即话务员打电话的个数,反映的是话务员的勤奋程度。

呼叫中心话务员的业务重点就是向客户推销产品,因此通话次数和沟通质量极其重要。如果一个话务员可以成功推送一个产品的话,那这场交易一定是经过长时间的沟通才达成的,沟通能力强的话务员就更容易完成交易。通话时长相比通话次数更能反映话务员业务能力的高低,因此通话时长就变成一个关键的衡量指标。设置每日任务就可以用通话时长作为绩效考核的标准。

一些难以用量化指标来考核的部门，比如人力资源部门、财务部门和行政部门等，其指标的制定相对较难。这类团队的衡量指标一般与时间周期相关，分为三种：第一种是主要职能的完成情况，第二种是对上级衡量目标的贡献，第三种是对其他部门衡量目标的贡献。这类部门的考核指标一般都是一些比率性指标。

比如，在人力资源部门中，本月招聘计划完成率、员工任职资格达标率、关键人才流失率、人力成本总额控制率、员工满意度等都可作为员工业务表现的衡量指标，成为目标设置要素。

在衡量指标的制定中，需要各级管理者对指标进行逐级分解，确定最能反映工作表现的关键指标。在此过程中，人力资源部门可以提供专业的咨询服务。

3. 目标

目标是整个公式中最重要的内容。设置了目标，努力就有了方向。如果没有目标，整个公式对于员工就没有任何意义。那么公式中的目标通常有一些什么特征呢？

（1）目标因人而异

这种不同反映在具体工作中，就是每个人的工作方式是不同的。即便是同样的任务，不同的人完成它需要的手段也有天壤之别。因此目标需要反映出每个人独特的技术和能力。

（2）成员全程参与

制定目标的过程必须是每个成员全程参与的过程。只有这样，员工才能深化对自身目标的认识，也才会更深刻地意识到个人目标的实现不仅关系着个人，也关系着整个团队、整个企业。

（3）尽量制定可以测量的目标

目标最重要的功能就是对管理者与员工的工作方向进行调整，使他们的工作目标保持一致。不能为制定目标而伤害这个核心原则。

（4）及时反馈和沟通

在设置目标时，管理者要与员工及时沟通，这样不仅有利于员工进行自我监督，还有利于管理者及时了解员工的工作进度、工作需求等，可以尽早发现工作中的问题，避免一些潜在的损失。

（5）目标灵活可变

目标不能僵化不变，现在员工的工作环境和企业所在行业环境都在不断快速变化着。因此目标的制定也需要与时俱进，跟上节奏。如果在实施过程中出现步骤与目标相矛盾的情况，管理者就需要及时进行调整。

在明白目标书写公式的三大组成部分后，让我们试着用这个公式制定一个团队目标。

举个例子。某客服团队的团队目标是："2017 年 10 月 31 日之前，向客户展现我们的标杆服务，保证客户对服务的满意度达到100%。"

它的书写形式是这样：动词（展现）+任务（标杆服务）+指标（客户的满意度）+目标（客户对服务的满意度达到100%）。

如果公式中没有目标，就会变成毫无意义的泛泛而谈。但是有的目标常常会给团队造成一些压力。为了更好地激发团队动力，我们需要换一种思维方式去看待目标：不要将目标看作一种压迫，而应将其看成一种动力。正如你想要减肥，想要变瘦，运动以及合理清淡的饮食是必不可少的。目标是促进员工完成工作、获得应有报酬的工具，使员工在有限的时间内，工作能力获得最大程度的提升。这样想来，目标就没有那么痛苦了。

目标管理的标准化

为团队成员设置了合理的目标,并不意味着目标管理的完成。各种目标、指标摆在眼前,往往让管理者感觉无处着手。这时便需要用另一个工具来帮助我们理清思路——目标管理模型。它可以帮助我们过滤情绪的干扰,梳理个人思路,找到努力的方向。建立这个模型可以分为以下 5 个步骤(如图 5-4 所示)。

01	02	03	04	05
利用目标书写公式写出目标	列出阻碍目标实现的因素	列出可以帮助目标实现的条件	写下个人特征	列出要做的事情

图 5-4 目标管理模型

第一步，利用目标书写公式写出目标。

第二步，列出阻碍目标实现的因素。

第三步，列出可以帮助目标实现的条件。

第四步，写下个人特征，便于做到知人善用。个人特征是指个人突出的品质，比如聪明、善于交际、善于思考等。

第五步，按照执行、管理、领导这三种角色，列出各自要做的事情。

目标管理模型的适用范围很广，不仅适用于团队各成员，也适用于各部门，甚至可以作为企业整体发展布局的重要参考依据。许多企业在拓展新领域、开展新业务时往往有诸多顾虑，不知如何下手。这时，就可以利用这个工具对自身情况、所要发展新业务的整体情况做出正确的调查和评估，以便指导以后的行动，完成最初的目标。

北京某企业曾是空调行业的先驱，现在却是一个十足的烂摊子，每年都在亏损。虽然已经换了好几个管理者，但公司的经营一直不见起色，员工人心惶惶，私底下都在谋划其他出路，眼瞅着即将关门大吉。临危受命的王总是樊登读书会的铁杆会员，通过工作人员找我取经。在了解具体情况后，我根据目标管理模型，问了他一些问题，列出了以下几点内容供他参考。

1.团队目标

企业短期内止损,扭亏为盈。

2.阻碍目标实现的因素

(1)频繁更换管理者,公司的核心业务十分模糊,无法为市场提供有竞争力的产品。

(2)财务制度混乱,个别员工巧立名目支取资金,财务损失非常严重。

(3)公司的新品牌在市场上没有什么知名度。

3.能够帮助目标实现的条件

(1)在业界深耕多年,原来老品牌的号召力还在。

(2)公司拥有一批有多年业内经验的高层次人才,完全可以从头再来。

(3)现有的核心技术可以转化为部分资金,渡过目前的财务困境。

4.个人特征

王总性格刚毅果断,得到董事会的高度信任,做任何决定都有"尚方宝剑"。

5.下一步要做的具体工作

(1)节流。开除一批巧立名目、贪污款项的员工。财务部门支出必须由王总亲自签字，为企业止血。

（2）开源。将部分技术专利拍卖，获取一笔资金，支持后续发展。

（3）开发拳头产品。紧跟市场形势，启用精锐成员短期内开发新产品，做好市场宣传。

（4）恢复老品牌。获取原有老客户的大力支持。

经过半年的奋斗，王总满怀感激地给我留言："樊老师，我们公司现在走出了困境，产品的市场反响很不错。估计年底就可以赢利了，真的非常感谢您。"

如果说糟糕的目标管理表现多种多样，那么成功的目标管理则是有共性的，也就是我们所谓的标准化流程。团队管理其实也是这样一个流程。目前有各种各样可供选择的管理工具，不过我认为目标书写公式和目标管理模型可谓其中比较有效的典型代表，具有较强的普适性和可操作性，管理者不妨一试。

第 6 章 利用沟通视窗，改善人际沟通

人际沟通的信息就像一扇窗，分为四个象限，有效沟通就是这四个象限的有机融合。

隐私象限：正面沟通，避免误解

沟通视窗，也称乔哈里视窗，是一种关于沟通的技巧和理论，也被称为"自我意识的发现—反馈模型"。沟通视窗可分为隐私象限、盲点象限、潜能象限和公开象限四大区域，涵盖了管理者日常沟通的所有内容。

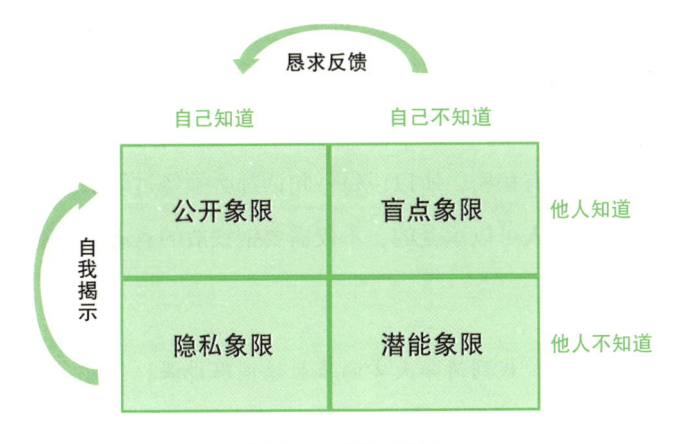

图 6–1 沟通视窗

沟通视窗的第一个区域叫隐私象限，通俗讲就是自己知道而别人不知道的事情，正所谓"我知你不知"。顾名思义，隐私就是隐蔽、不公开的私事。在英文中，隐私一词通常用"privacy"表述，含义是独处、秘密，与汉语的意思基本相同。但汉语的"隐私"一词更强调隐私的主观色彩，而英文的"privacy"一词更注重隐私的客观性，这一点体现了感性的东方文明与理性的西方文明的差异。

正常来说，隐私不能公开，并受法律保护，但隐私象限的内容却可以部分公开，能否公开跟信息的隐私程度有关，我将其分为以下三个层次。

1. DDS

隐私象限分为三个层次，其中最底层的叫作DDS（deep dark secret，意为又黑又深的秘密）。每个人都可以有自己的DDS，这是人与生俱来的权利。但是如果DDS过多，人就会有很大的精神压力，甚至会患上焦虑症。比较形象的例子就是《潜伏》里的余则成。他对身边的每个人都有秘密，所以说每一句话都必须经过缜密的思考，这种压力不是正常人可以承受的，不仅需要钢铁般的意志，还需要时刻绷着神经。

有一年，我到清华大学的市长培训班讲课。当时，我问了一个问题："假如各位家里的床垫下压着4000万现金，各位会怎么想?"台下众人个个面色凝重,气氛顿时紧张起来。从这个反应可以看出,如果一个人有DDS,他的精神就会变得异常敏感和紧张。

我们每个人都有DDS。人际交往中最基本的礼仪就是要给别人留一定的空间,不能随便打听别人的DDS。但在日常工作中,没有必要制造太多的DDS,不然会让人整日都生活在焦虑和压力之中。这里我推荐大家学习一下张作霖,我认为官员中在这方面做得比较好的就是他了。

张作霖是民国时期奉系军阀总瓢把子。身处乱世之中,张作霖对内需与国民党、各系军阀、封建残余势力周旋,对外要抵抗苏联、日本等外部威胁,同时还要处理东北的日常军政要事,为东北的政治、经济、教育、工业等领域都打下了一定的基础。尽管事务繁重,张作霖仍然保持着坦荡的处事原则,他常以书房里的一副对联自勉,这副对联也是北宋大家欧阳修的修身名言:"书有未曾经我读,话无不可对人言。"意思是:我没有读过的书很多,但是没有什么话是不能对别人讲的。坦荡的大家风范由此可见一斑。

2. 不好意思说

比DDS浅一层的叫作"不好意思说"。一个最常见的例子是上学时常见的暗恋。我相信很多人面对喜欢的人时是不敢表白的，害怕被拒绝，多年之后回想起来会觉得当时为什么那么傻，说出来又不会怎样。当年的你跟现在的你之间最重要的区别，恐怕是现在你明白这些"不好意思说"其实没什么意义，人应该勇敢追求自己的最爱。不然不至于到现在还过着光棍节，对着佳人倩影暗自神伤。

暗恋这种情况自古有之，唐代名媛杜秋娘因此写下"花开堪折直须折，莫待无花空折枝"的名句，意思就是劝人鼓起勇气不要错过最好的表白时机，不要最后默默地成为段子里的人——要表白就赶紧表白吧，要不然过两年，女神就会自己来找你，让你给她的孩子在朋友圈点赞。

"不好意思说"不仅让人间少了很多美丽的爱情故事，还会在一些大型工程中造成非常致命的后果。

美国的"挑战者"号航天飞机在升空73秒后爆炸，7位机组成员全部遇难，被称为美国航天史上最严重的灾难之一。航天飞机失事之后，相关部门展开了严密的复盘调查，最后的结论是右侧固体火箭推进器尾部一个密封接缝的O形环失效，导致加压产生的热气和火焰从紧邻的外加燃料舱的封缄处喷出。O形环的失效则归因于设计上的缺陷，太容易被损坏，发射那几天的低温也是潜在因素。航天飞机升空后，O形环很快承受不住，而替补材料也被高温所损坏，从而引发爆炸。调查结果公布后，舆论一片哗然。很多参与项目的工程师都表示，当时他们也发现了这个问题，但是管理层怕说出来会面临各方面的压力，影响发射进度，因此闭口不言。从这个角度看，正是管理层的"不好意思说"，导致本可以避免的严重的航天事故的发生，7条鲜活的生命因此灰飞烟灭。可见，"不好意思说"也不光是东方人的专利，连倡导坦诚直率的美国人在巨大组织压力下也会如此！

无独有偶，自2016年中三星Note 7手机上市后，上百起电池爆炸事故让三星集团频繁陷入舆论危机，这一系列事件无疑是三星集团近些年出现的最严重的产品问题。在此次事件中，总裁李在镕却是整个三星集团最后一个知道消息的人，这让很多人都感到非常意外。原因何在呢？原来三星集团的文化就是向领导报喜不报忧，一旦出了问题，基层员工会立刻进行公关处理，让高层认为一切业务都在正常运转。当李在镕终于从报道中得知此次事件时，事态已经变得极为棘手，对公司的品牌形象产生了严重的负面影响。

千里之堤，溃于蚁穴！以上两次事故皆源于很小的事情，但直接关系人由于不好意思，没有及时汇报，以致事态一发不可收拾。在团队管理中，也存在众多"不好意思说"的情况，结果都对企业整体运营造成较为严重的后果。

  比如，某公司的一名老员工因疏忽大意，工作发生了失误，管理者将他叫到办公室，打算跟他谈谈这次失误给公司造成的损失，并给予严厉的惩罚。该员工战战兢兢地站到管理者面前，管理者看到他满头的花白头发，想到他在自己刚进公司时还教过自己，现在家里上有老下有小的，动了恻隐之心，摆摆手让他出去了。

  这种情况在团队的日常管理中十分常见，由于管理者"不好意思说"，员工无法意识到自己的工作缺陷。很多已经出现的问题该纠正的没有及时纠正，下回就可能出现更为严重的工作失误。

3.忘了说

  "忘了说"比"不好意思说"对团队的伤害更为严重。所谓"忘了说"，是指管理者以为某些事情员工应该知道，无须多说，所谓"一切尽在不言中"。然而，这些员工"应该知道的"事情，往往只是管理者的一厢情愿。这是团队沟通中最应该被重视的部分，被称为"知识的诅咒"——当我们对某件事情非常了解、脑中存有很多专业知识时，就会转变表达方式，以致说出来或做出来的东西，别人听不懂或难以理解，我们自己却认为已经说得很明确了。此时，我们便被自己的专业知识"诅咒"了。

我曾看过李零教授写的《人往低处走》一书，书的内容是阐述老子的《道德经》。开篇第一句是："道可道也，非恒道也；名可名也，非恒名也。"看到这句话，我心里有点儿别扭。这与我们常见的版本"道可道，非常道；名可名，非常名"不同，李零教授将三个字增为四个字，并且将"常"改成了"恒"字。

我当时心里想："第一句就写错了，这会是一本什么样的书啊？"于是，我就将这本书当作批判版本继续往下读，这一读可不得了。

李零教授在后面的论述中讲到，这两句话并不是他自己编的，而是来源于最新出土的荆门楚简，古书上清楚记载这是汉代之前的《道德经》版本。历代书简都有回避皇帝名讳的传统，汉文帝名叫刘恒，恒字因此就不能继续用在文献中，于是汉代编撰的《道德经》将"恒"字改成了"常"字。换句话说，我们最常见的那个版本实际上是个假版本，只不过流传得更加广泛，当我看见真正的版本时，反倒读起来别扭。

当时的我就被自己固有的知识"诅咒"了，不了解更广阔的世界，不能获得真正的知识。正如佛家理论中的"我执"——每个人都认为自己过去学到的东西都是正确的。但实际上，过去的知识成就了现在的你，也限制了现在的你，让你听不进去与自己认知不同的意见，让你不愿意挑战那些让自己不太舒服的领域。被知识"诅咒"的人就是用自己原有的认识建造了一处无形的监狱，把自己关了进去。其实，真正成功的人往往是非常开放的。他们对待任何知识都非常谦卑，不以自己的经验去评判任何东西。

这种情况在企业日常管理中也很常见，比如管理者经常会遇到员工突然辞职的情况。这种情况的发生，很大一部分原因在于管理者被已有知识"诅咒"。虽然管理者觉得该员工不错，但是从未向员工正面表达过这种看法，反倒总是说员工工作态度不认真、工作方法有问题等等。这种沟通方式，很容易让员工对自己的工作能力产生负面评价，进而萌生辞职的想法。

樊登读书会App（应用程序）刚上线时，收到了大量的用户反馈。很多用户反映说："页面乱七八糟的，玩不了，App的功能设置也不合理，很多内容根本不知道入口在哪儿。"就此问题，我特意与产品经理进行了一番沟通。

当时的产品经理告诉我："App的设置没有问题，是某些用户自己存在问题，他们需要多学习如何使用App，在掌握了一些App的使用技巧后，就会发现樊登读书会App特别好玩。"

产品经理的这番言论，乍听起来似乎有几分道理，但实际情况是很多用户在无法找到入口时，想到的第一件事不是研究App，而是直接弃用。

客户觉得使用困难，产品经理为何觉得简单？因为他们学过专业的编程知识，头脑中已有对App的固有认知，对使用方法非常熟悉。但是用户不同，大多数用户判断一个App是否好用的标准，就在于前端界面的设计是否简单明了。如果找不到入口，就是不好用，逻辑十分简单直接。

人除了会被知识"诅咒"之外，还会被爱"诅咒"。

一个最明显的例子就是青春期的孩子会突然发现自己的妈妈变得特别唠叨。她一改往日善解人意的形象，开始不停地数落孩子："别人家的孩子上了名牌大学，你考这么点儿，将来怎么办啊？""你的成绩这么差，将来怎么在社会上立足啊？"

大家经常会在社会新闻中看到一些离家出走的小孩，很多都是因为受不了妈妈的唠叨。妈妈这些唠叨让他感觉妈妈可能喜欢别人家的孩子，自己被嫌弃了，很多孩子说着说着就流下眼泪，内心十分痛苦。但是如此唠叨的妈妈却完全没有体会到孩子这种感受。那么妈妈怎么会变成这样的呢？

在妈妈的心里有一个巨大的前提：无论孩子成绩怎么差，妈妈都不会抛弃他，会一直支持他；别人家的孩子即使再优秀，也不及自己的孩子好。但是在孩子的心里根本没有这样的前提，他从始至终得到的都是否定自己的负面信息，因此会对自己的价值产生深深的怀疑。很多孩子会认为妈妈讨厌他，嫌弃他，甚至会产生厌世自杀的心理倾向。

妈妈之所以完全忽视孩子这种刻骨的感受，就是因为在亲子关系中，妈妈被自己的爱"诅咒"了。给孩子完整的爱不只需要一颗真诚的心，还需要不断地学习爱的能力。

知识的"诅咒"是营销中非常重要的一个概念，营销的目的之一就是打破知识的"诅咒"。这是什么意思呢？给大家讲一个案例。

美国早年间有个啤酒品牌叫舒立茨。推销员四处推销啤酒，但是效果不明显。一次他坐火车时遇到当时美国最著名的广告人霍普金斯。两个人在聊天过程中聊到啤酒的营销问题。霍普金斯说："啤酒销量这么不好，我帮你写广告。你需要告诉我啤酒的卖点。"推销员说："我的啤酒跟大家一样，都是德国工艺生产，口味也很一般，真的没有什么卖点。"霍普金斯说："想要做营销，没有卖点也要创造卖点。"于是，他让推销员将啤酒的生产工艺从头到尾讲了一遍。

听完推销员的讲解，霍普金斯找到了其中的卖点：啤酒在灌装之前，会先用高温纯氧吹一下瓶口。吹完之后，啤酒的口感很好并且不会变质。就用这个卖点。霍普金斯的营销方案是：买下报纸一个版面，上面登一幅吹瓶口的图片，标题写"每一瓶舒立茨啤酒在灌装时瓶口都经过高温纯氧的吹制，这样才能保证口感的清冽"。推销员说："这怎么能够作为卖点呢？这个是德国啤酒标准的生产工艺，啤酒业内人士都知道。"但是霍普金斯坚持使用这个方案。

试想一下,如果普通消费者看到这么专业的描述——高温纯氧吹瓶口——这个动作会让啤酒的口感变得更好,有没有要尝试的心愿?通过这样的引导,消费者相信舒立茨跟他们以往喝过的啤酒口感不同。慢慢地舒立茨开始大卖,得到了消费者的普遍认可。其他啤酒生产商十分恼火,这种工艺不是舒立茨独有的,但是舒立茨捷足先登,宣传这个卖点,他们便不能继续用这个卖点卖自己的啤酒了。

为什么舒立茨的推销员感觉不到这是个卖点?就是因为他对整个啤酒工艺流程太熟悉了,觉得一切都是理所当然的。这就是知识的"诅咒"。

我们的营销部门也经常会陷入思维的怪圈中,想不出创意来,觉得这些都没什么稀奇的。但其实从消费者角度来讲,他们的关注点才是企业要努力营销的方向。企业必须对客户做一些深入的调查,才能打破知识的"诅咒",找到产品卖点。

了解了知识的"诅咒",我们就会发现,对同一件事情,不是所有人都跟我们有同等高度的认知。我们需要一遍一遍地向他们传达我们的认知和理念。在企业日常经营中,我们同样需要不厌其烦地向员工传达我们的共同愿景。

在樊登读书会,很多员工都觉得工作是件十分愉快的事情,这是因为我每一次收到书友的反馈和感谢,都会发在内部群里跟员工一起分享。如此一来,员工就会时常感觉公司和自己正在做的事情对书友有着极为重要的意义,责任感和成就感便油然而生。

樊登读书会的许多分会也是如此。不管赚钱与否,只要有书友跟着读书,这些分会就会觉得自己身上有了企业的责任,就会不断地要求进步。这个过程说明:来自用户的反馈有助于我们打破"知识的诅咒",发现工作中的乐趣和意义。

只讲空洞的愿景,不如给员工看到客户实实在在的反馈。关于这部分,我想向大家推荐《让创意更有黏性》这本书。作者在这本书中,列举出了六个可以打破知识"诅咒"的方法——简单、意外、具体、可信、情感和故事。

盲点象限：利用反馈看到自身局限

说完了隐私象限，让我们再来看看盲点象限，这是沟通视窗的第二个区域——简单来说就是自己不知道，但是别人知道。

盲点象限类似于车的盲区。经常开车的朋友都知道，车辆A柱的后面在倒车时是看不到的，因此大多数司机不会从右侧并线，在并线的时候也要回头看一下，防止意外发生。现在来试想一下，如果今天你下楼开车，发现自己车的两片后视镜都被掰掉了，你要开到火车站去，驾驶这样一辆没有后视镜的车，开在路上是什么感觉呢？盲点象限扩大之后，人会感觉自己很危险。

在日常生活中，经常会遇到这样的人——说话口无遮拦，美其名曰直来直去。明明已经得罪了身边的人，自己却毫无知觉，还在不停地吹嘘自己人缘特别好，其实大家都恨得牙痒痒，却拿这种粗神经的人没有办法。别人异样的目光也并不能引起他们的反思。如果一个人有性格缺陷，那他的盲点象限就会非常大。

在公司的日常运营中，也经常会出现盲点象限。管理者在制定公司的一些重大决策时，往往很难意识到其中存在的问题。这种情况下，如果没有其他人及时指出管理者的问题，公司就会走上歧路。然而，绝大部分人在被别人指出错误时，会出现一些负面情绪，比如尴尬和恼羞成怒，甚至还会胡乱揣测别人的用意。有人过来告诉你，你有一个扣子系错了，这时你会不会觉得很尴尬？心里有没有想真丢人之类的？如果对方是笑着跟你说的，你就可能会觉得对方在故意看你笑话，不安好心。其实人家只是出于礼貌微笑而已。

我与妻子的相处在一般情况下还不错，可一旦出现争吵，我们就会互相揭示盲点象限。有一次吵架时，妻子跟我说："樊登，你这个人最大的缺点就是嘴太损，喜欢挖苦别人，喜欢拿别人的缺点开玩笑。别人其实都不喜欢你，但是你自己却不知道。"

我心里嘀咕：我当然不是这样的人，我读过那么多书，那么多人都喜欢我。你对我有很严重的偏见，不懂得欣赏我。想到这里，结果自然是不欢而散。

第二天，我遇到一个要好的朋友，就将我妻子说的话向他求证，希望听听他的看法。我问他："我是不是经常拿别人的缺点开玩笑，还经常挖苦别人，把别人弄得非常不愉快，但是自己却不知道？"

第6章 利用沟通视窗，改善人际沟通

朋友看我态度很是认真，也就很严肃地对我说："嫂子说的话你完全不用往心里去，大家都已经习惯了。"

朋友的话让我警醒，我突然意识到这其实就是我的盲点象限。如果妻子不跟我说，我可能永远不会认识到这个问题。当他人向你揭示盲点象限时，你究竟应该做出怎样的反应？且让我卖个关子，先向大家介绍两位圣人。

第一位圣人是"闻过则喜"的子路。这个典故其实出自《孟子》。《孟子·公孙丑章句上》中，孟老先生说："子路，人告之以有过，则喜。"子路是孔子的学生，深受恩师教诲，当别人指出他身上的缺点时，他会特别开心，并很快更正。

第二位是上古先贤大禹。史载大禹"禹闻善言，则拜"，即听到别人说了对自己有意义的话时，就会给对方敬礼。这一点日本人做得很好，日本人的日常生活中有很多鞠躬的情景，他们确实能做到闻善则拜。如果收到投诉，他们首先会向客户鞠躬。这点大多数中国人确实很难做到。

学习盲点象限对我个人帮助很大。我经常会想，在我们人生中还有这样一些事情，虽然真实存在，但是自己完全没有感觉。

作为管理者，如果希望团队成员之间能够做到"有则改之，无则加勉"，自己就先得做到闻过则喜、闻善则拜。如果你能够做到，那么在被团队成员指出一些工作缺点时，就不会产生负面情绪，整个团

队的氛围就会焕然一新。从这个层面上讲,管理者具有较大的表率作用,正所谓"榜样的力量是无穷的"。

除了闻过则喜和闻善则拜,还有一种反应叫作"闻过则问",这个"问"是指问自己。与前两种圣人的反应不同,每个普通人都可以做到"闻过则问",即在别人指出自己的缺点时,问自己是否确实存在这个问题,以及这个问题是否属于盲点象限。

既然盲点象限如此重要,那我们应该找哪些人来解决盲点象限的问题呢?举个例子来说。

《邹忌讽齐王纳谏》是《战国策》中的一篇文章,讲的是齐国大臣邹忌的故事。邹忌自恃貌美,就问妻子:"我好看还是徐公(齐国美男子)好看?"妻子说:"你好看。"邹忌又问他的小妾同样的问题,小妾说:"当然是你比较好看,要不然我怎么会嫁给你呢?"后来,邹忌又问了他的门客,得到了相同的答案。第二天,邹忌遇到了徐公,在亲眼见识了徐公的美貌后,邹忌自愧不如。

反思之后,邹忌将这件事当成故事讲给齐王听,并隐喻齐王的纳谏方式。他说:"妻子这样说是因为她爱我,小妾这样说是因为她怕我,门客这样说是因为他有求于我。而您贵为齐国之主,爱您、怕您、有求于您的人远超于我。因此,齐王您应该广开言路,不能偏听偏信。"简而言之,就是齐王身边的人会因为种种原因，只拣好听的说给齐王听，这种言论会扩大齐王的盲点象限，以致他无法听到真正有用的建议。

很多人都曾有过和邹忌类似的感觉：随着年龄增长、地位收入逐渐提高，身边愿意揭示自己盲点象限的人越来越少，我们对自己身上的缺陷越来越无法及时获得正确的认知。更有甚者，即便真的有人揭示了自己的盲点象限，也不加以重视，最后导致严重的后果。

在袁世凯做皇帝之前，次子袁克文曾极力阻拦，并写了一首诗，中间有这样一句："绝怜高处多风雨，莫到琼楼最上层。"

通过诗文的方式，袁克文明确指出复辟在当时是件非常危险的事情，容易受到各方势力的联合打压。现在看来，袁克文的意见无疑是审时度势的老成之言，但他的哥哥袁克定却完全是另一副嘴脸，甚至不惜办一份只给袁世凯一个人看的假报纸，哄骗袁世凯复辟，最终袁世凯只做了83天皇帝就宣布退位。可叹！袁世凯所生二子，一个想帮老子揭开盲点，一个却使劲儿把老子往黑胡同里带，时也命也！

管理者在团队的日常运营中，需要找怎样的人来揭示自己的盲点象限呢？工作伙伴一定不行，因为他跟你有同样的盲点。竞争对手是一个渠道，他们可能会在用户和投资人面前揭露你企业的短处。如果竞争对手所言非虚，我们还有机会进行补救。除此之外，还有一个重要的渠道——投诉和反馈。

樊登读书会采用的是收费会员模式，会费为365元/年。因为收费，所以用户对收听质量有着较高的要求，我们经常收到这方面的投诉："节目非常卡，根本听不了，纯粹是浪费钱。"而读书会员工的工作环境网络较好，压根不会受到这方面的困扰。因为我们设置了投诉和反馈渠道，就可以了解客户的收听质量并做出改进，改善产品的盲点象限。

最后，请大家思考一个问题：盲点象限中的一定是缺点吗？是否存在自己看来是缺点，但在别人眼中是优点的情况？答案当然是有。

有一个人口吃非常严重，特别自卑，不愿意去上班。他的朋友给他找来一份工作，他拒绝了。他的理由是，话都说不清楚，什么工作都做不了。朋友劝他说："说话不清楚不是缺点，是优点，你一定可以做好这份工作。这份工作是推销《不列颠百科全书》，卖一套挣100美元。只需要敲门问人家要不要书就可以了，我教你，这样推销一定没错。"于是他就去敲门推销，人家说不要的时候，他就会说："你……不要……也没关系，我……

免费……为你……念一遍……"对方一看这阵势,大多会说:"你还是别念了,我买一套。"

当然这只是一个笑话,但它告诉我们一个道理:你眼中的缺陷,在别人看来可能就是优点。换句话说,盲点象限也可能是优点,不能一概而论,也不能盲目更正。

潜能象限：不要轻视每一名员工的潜能

沟通视窗的第三个部分是自己和他人都不知道的区域，被称作"潜能象限"。在介绍这方面内容之前，我先给大家讲一个案例。

澳大利亚有位叫力克·胡哲的励志大师，生来就没有四肢。他的躯干下方只有很短的一截小脚，但他可以踢足球、接电话。在接电话时，他的小脚会用力踩一下听筒，迅速夹起。众所周知，这类重度残疾人的生活大多十分艰难，但力克·胡哲却成为当今全球演讲出场费最高的嘉宾之一。

力克·胡哲在12岁之前，一直自怨自艾，并多次想到自杀，但他甚至连自杀的能力都没有。12岁之后，他渐渐觉得，既然一切都是上天安排的，一定有它的道理。后来他明白，他天生的缺陷在励志演讲中就是最有说服力的证明。

简单试想一下，如果一个四肢健全的人跟你说："无论遇到

第6章 利用沟通视窗，改善人际沟通

什么困难，你都要咬紧牙关坚持下去，最终一定会获得成功。"你肯定觉得说服力不强。同样的话，如果出自没有四肢的力克·胡哲，说服力便会增强数倍。因为他现在活得比你好，尽管四肢不健全，可他依然努力地生活着，并取得了成功。

想明白这个道理，力克·胡哲便开启了他的演讲之旅。2012年，力克·胡哲娶了交往多年的日本女友，一年后还生了儿子，过上了大多数人梦寐以求的生活。

力克·胡哲是一个将潜能象限运用到极致的人。与他相比，我们似乎更幸运一些，他最大的愿望就是过上一天有手有脚的日子，这一点在我们看来再正常不过。他的事例向我们证明潜能象限具有巨大的能量。美国作家艾丽斯·施罗德所著的《滚雪球》一书中，讲述了很多股神巴菲特不为人知的故事，其中有一个给我留下了极为深刻的印象：巴菲特的偶像竟然是美国内布拉斯加家具商城的创始人罗斯·格里克·布鲁姆金女士——人称B夫人，一个年近九旬再次创业的老太太。

B夫人于1893年出生在俄罗斯的一个小村庄，家庭贫困，没有上过学。后来"一战"爆发，她与丈夫决定移民美国，但当时的钱只够一人离开，于是丈夫先行离开。两年后B夫人独自一人，历经周折也到了美国，夫妻二人最终在奥马哈定居。1937年，她用借来的500美元在地下室开了她的第一家家具

店。她始终坚持薄利多销的方式，以低于同行的价格出售，有的供货商怕得罪大的经销商便不给她供货，她就自己从其他地方购入货源，坚持低价策略。就这样，这个小店一步一步地发展起来。到1980年，她和她的儿子已经将家具店打造为当地最大的家具店。无论经济萧条还是繁荣，他们的销售额每年都在增长。1984年巴菲特以6000万美元收购了这家连锁店铺90%的股份。没有任何繁杂的程序，只是双方简单握了一下手，协议就达成了。B夫人唯一的要求就是，店铺继续由她的家族经营。

退休三个月左右的B夫人不甘心自己的晚年如此度过，于是在自家店的对面又开起一家名为"B夫人商场"的地毯直销店，和自家店竞争，结果发展得风生水起。这令她的儿孙和巴菲特感到非常苦恼。1992年巴菲特以500万美元收购了B夫人的地毯店，并和她签了一个禁止同业竞争的协议。后来B夫人又回到了自家的家具店工作，一直干到103岁。104岁时，这位了不起的夫人离开了人世。谈起B夫人，巴菲特感叹道："我宁愿和大灰熊摔跤，也不愿与罗斯女士和她的儿孙竞争。"

这个故事给了我很多启示。佛经里有一句话：即使明天是世界末日，我也要在花园里种满莲花。《论语》中写道："朝闻道，夕死可矣。"潜能象限是四个象限中信息最多的，因为它属于未来，是未知

第6章 利用沟通视窗，改善人际沟通

的可能。

了解潜能象限对于团队日常管理的意义何在？在企业中，管理者受到自身局限性的制约，经常会对员工的工作能力做出一些主观判断。虽然管理者跟员工朝夕相处，但事实上每个员工都有巨大的潜能，管理者并不可能完全清楚每一个员工的实际能力。

当今中国的互联网创业者，很多来自阿里、腾讯、百度等大型IT企业，滴滴出行创始人兼CEO程维就是其中的杰出代表。程维出生于江西上饶铅山县的普通家庭，大学毕业后进入阿里。在阿里工作的8年时间里，程维担任过很多职务，前期做销售人员熟悉线下市场，后期做产品经理时，慢慢产生了自己创业的想法。

自2012年创业以来，经过程维及其团队多年坚持不懈的努力，滴滴出行已经成为智能手机的必备软件，受到大量投资人的青睐。滴滴出行2016年的融资额达到了45亿美元，投资方包括苹果公司、中国人寿、阿里巴巴、腾讯及招商银行等大公司。而程维本人也已成长为在线出行巨头的CEO，跟前老板马云一起位列2016年胡润IT富豪榜前列。

程维的家庭背景极为普通，成长轨迹也与常人无二，却在创业之后爆发出了巨大的潜能，这也印证了潜能象限的威力。所以，每位团队管理者，不要轻视任何一个员工的能力，要尽量帮助他们激发潜能，为团队日后的发展提供源源不断的动力。

在团队管理中，有一个非常重要的原则，叫"赛马不相马，人人是人才"，这是海尔集团张瑞敏的用人之道。当一个团队人数很少的时候，管理者的眼光很重要。当人数较多时，最重要的是管理者创造一种公平竞争、积极向上的氛围，重视赛马机制的建立。

作为管理者，需要克服自己主观意志造成的偏见，以标准化的流程公平地对待每个成员，让每个团队成员都享有公平竞争的机会。只有这样，才能激发所有人的工作热情和潜能，让有才华的人能够脱颖而出。所以，请管理者深入思考两大问题：第一，你是否充分调动了员工的积极性？第二，你是否为员工的能力提升提供了很好的规划和培训？如果将团队比喻成一支军队的话，将军不仅要关注士兵的战时表现，更要关注粮草、武器装备是否充足，不要让这些外部的限制阻碍了士兵个人发展的无限可能，毕竟"不想当将军的士兵，不是好士兵"。

这里我推荐团队的管理者读一下英国人约翰·惠特默写的《高绩效教练》。在惠特默看来，做一个优秀管理者的前提就是相信每一名员工的潜力。

言及于此，我和大家分享一个观点，也是本书的核心思想：一个好的团队，就是让团队中80%的人都能得到80分。可能有人会说，我们公司的目标是追求卓越，80分是起步。在我看来，如果一个团队80%的人都可以得到80分，就证明这个团队成员的整体素质已经很高了，这个团队当然算是优秀团队。

这种提法是对中国原有人才观的一个巨大冲击，是团队管理思维上的重要变革。纵观国内大小企业，对每个员工的要求几乎都是120分，要求他们完成难以实现的目标。这样的要求大部分员工无论怎么努力都是做不到的，于是他们就开始怀疑自己的能力，慢慢地，变得心灰意冷，隐藏自身的工作热情，对任何工作都畏首畏尾。但如果目标是80分，大家要做到就没有那么难了，就会积极参与其中，大部分人都可以达到要求，这大大激发了员工的自信心和工作热情。久而久之，团队的整体素质就会有很大的提升。

员工还是原来的员工，为何会出现如此明显的变化？这是因为人的成就是由两个因素促成的，一个是能力，另一个是意愿。我们日常所说的"能力不行"，是指员工的整体表现不佳，并非单指能力问题。论能力，其实团队中每个人的能力差距并不大。有的员工工作表现不怎么样，但是游戏能力很强，或者唱歌唱得很好。这样的员工其实有很大的工作潜能，只是没有发挥出来而已。这种情况下，管理者就需要找到束缚能力发挥的源头，激发员工的潜在意愿，让他愿意将运用在游戏及唱歌中的能力也用在工作上，从而对团队做出积极的贡献。

公开象限：让员工尊重你，而不是怕你

沟通视窗的最后一个象限，就是那些我们知道并且别人也知道的信息，比如名字、性别等，即团队管理中最重要的公开象限。那么在这个世界上，什么样的人公开象限比较大呢？答案就是那些经常被曝光的公众人物，比如娱乐明星。他们的身高体重、婚姻状况、家庭情况和工作动态等，每天都会被娱乐记者曝光，大众的熟悉程度极高，是典型的公开象限。

公开象限的一大好处，是其社会影响力大，人们会产生信任感。很多公众人物会被商家看中，成为其产品的形象代言人，促进产品销售；而最大的坏处在于没有隐私，明星需要时时刻刻防偷拍，防止曝出负面新闻。

香港明星刘德华就是个很好的例子。他一生兢兢业业，工作事业无可挑剔，对待粉丝也极为热情友好，唯一的负面新闻就是

隐婚。还有，由于基本不能在公共场所露面，只能在室内活动，一些明星的室内运动项目成绩都非常不错。比如，刘德华在保龄球项目上是亚洲冠军，但他申请参加泰国亚运会时却遭到了主办方的婉拒，官方解释是怕粉丝太多，造成会场混乱，举办方无法控制场面。这是公开象限的弊端。

团队管理与公开象限有何关系呢？只要大家仔细观察就会发现，个人工作的进程，其实就是公开象限不断放大的过程：大学刚毕业独身闯荡职场时，你认识的人不多，公开象限的内容也很少。随着工作经验的增加，你有了自己的团队，承担了很多公司的业务，认识了很多人，这时候公开象限开始变大，别人对你的态度也会发生根本的转变，会更加尊敬和信任你。从这个角度来讲，公开象限的扩大其实就是一个人不断成长的过程。一个人能够通过扩大自己的公开象限增强自己在团队中的可信度。

作为团队的管理者，让成员怕比较好，还是被成员尊重和信任比较好呢？在我看来，靠成员怕来约束的行为叫作管理，靠成员尊重和信任来约束的行为才叫作领导。领导力的核心就在于得到成员的尊重和信任。一个人如果有足够大的公开象限，就会拥有优秀的领导力。如何增大自己的公开象限呢？答案是从别的象限切割出一部分来，补充到公开象限中去。

1. 将隐私象限转化为公开象限

将隐私象限转化为公开象限的办法很简单，就是将一些你不好意思说或者忘记说的内容向员工做自我揭示。

比如，你可以在下班之后跟员工一起喝酒聊天，或是跟同事讲讲自己的童年故事，可以将自己的想法跟投资人路演一遍，还可以参与公司的内部竞聘，上台展示自我规划和愿景，这些都是自我揭示的方式。跟别人讲述自己的人生经历是一个非常好的自我揭示的方法，也是十分有效的沟通方式。

团队内部的沟通，最重要的是呈现一个生动立体的形象。如果员工了解管理者的过去，无形之中就会拉近彼此之间的距离。如果团队管理者只是公事公办，没有与成员建立起私人感情，就会发现工作很难进行下去。

如果两个人曾经共同经历过很多事情，彼此之间的公开象限变大，关系就会变得不一样。因此，我建议管理者平时在跟员工沟通时，不要仅仅局限于工作内容，还可以谈谈生活和爱好，积极寻找话题，扩大公开象限。这样才能够赢得成员的尊重和信任，打造真正的"铁军"。

2.将盲点象限转化为公开象限

要想将盲点象限转化为公开象限,最常见的办法叫作恳请反馈。当公司的部门和业务种类越来越多的时候,管理者极易陷入疲于应对各种考核指标的困局,难以发现团队管理中存在的问题,这个时候客户和员工的反馈就变得异常重要。唯有如此,管理者才能及时发现自己的问题,提升团队的战斗力和凝聚力。

平安车险就是很好的例子。如今,平安车险已经占据全国车险市场的半壁江山,其服务也是业内闻名。一个保险公司是如何做到市场服务的标准化的呢?

有一回我的车出险,刚修完车,平安车险的客服就给我打电话,询问我对理赔工作的满意程度。在我回答后不久,平安车险的电话又打来了,询问我对回访客服的服务是否满意。平安车险正是通过不断询问客户"对这个工作是否满意"的方式,广泛收集用户反馈作为改进服务系统的依据,进而打造出了业内最优秀的保险服务标准化流程。

当下的许多新兴互联网公司应当向这些优秀的传统企业学习,不仅学习其服务模式,也要学习它们的销售模式。万科的销售体系值得称道,不管楼市火爆还是低迷,都能保证销售额大幅高出业界平均水平，房产销售人员的培养是其成功的重要原因之一。我在万科买房时，就曾亲身感受过万科销售人员的能力。

　　第一次接待我的是名女销售员。她既能清楚地介绍房子的基本信息，又能完全口语化，没有丝毫背诵的痕迹。让我印象最深的是一个小细节：带我参观厨房时，她说，虽然厨房的面积不算太大，但结构合理，即便春节家里来三五个人，也转得开身。

　　我的一位朋友在得知我买了万科的房子后，也想买一套，于是我带着他又来到万科的售楼处。之前接待我的女销售员碰巧休息，一名男销售员接待了我们。我在旁边听他的介绍，感觉用词非常熟悉，几乎跟那名女销售员讲的一字不差。参观厨房时，他同样介绍说：虽然厨房的面积不算太大，但结构合理，即便春节家里来三五个人，也转得开身。好吧，这句话我听过很多遍，已经完全背下来了。

万科就是将最优秀的销售话术，完美地复制给每一个普通的销售人员，因此他们抓住了很多销售机会。正是这种完美的复制，才使万科的销售业绩在业内遥遥领先。在万科，销售人员的话术不是随随便便说几句，而是经过非常精心的设计和训练。据说万科的销售人员在下班之后不会马上回家，而是在单位加班练习这些话术，不仅要做到熟练背诵，还必须亲切自然，完全口语化。

　　万科这种优秀的销售话术从何而来？答案就是客户反馈。客户反馈可以在很大程度上为管理者揭示团队运营系统的盲点象限，提升团队的整体管理水平，扩大企业的公开象限。

第 7 章 学会倾听,创建良性的交流通道

倾听是沟通的基础,善于倾听的人才能当个好领导。倾听不能止于听,在听的过程中要对信息进行解析,并给出积极的回应。

用心倾听，建立员工的情感账户

倾听是沟通的基础，善于倾听的人才能当个好领导。历史上有很多这样的人物，他们虽然身居高位，但仍能"从善如流"，最后开创了一代伟业。

培根说：读史使人明智。我喜欢读书，尤喜读史书，历史人物的故事常常会给我很多企业管理方面的启迪。团队管理中的许多问题，其实古人也都遇到过。当时没有"领导力培训"，但是他们用自己的历史选择，向我们传达了优秀的领导力是如何形成的。

刘邦和项羽是楚汉争霸的两位主角。刘邦是亭长出身，相当于保安队长，社会地位低，而且品性不好，贪财好色。项羽则是出身贵族，将门之后，"力拔山兮气盖世"，英勇非凡、武艺高超，还熟读兵书，号称"西楚霸王"，用现在的话说，是名副其实的"高富帅"。

项羽的出场自带主角光环,一直是混战中的佼佼者。由于兵力悬殊,项羽、刘邦两人打仗时大多以刘邦失败告终。刘邦还曾迫于项羽的强势,亲自到项羽军营赔罪致歉,险些丧命,这也留下了鸿门宴的故事。然而,楚汉相争的最后结果是刘邦打败项羽,建立大汉,一代枭雄项羽则落得个乌江自刎的悲惨下场。

历史上对这一结局有很多的评论与猜测,其中最重要的观点来自刘邦本人。《史记·高祖本纪》记载,刘邦在总结自己取胜的原因时说:"夫运筹策帷帐之中,决胜于千里之外,吾不如子房。镇国家,抚百姓,给馈饷,不绝粮道,吾不如萧何。连百万之军,战必胜,攻必取,吾不如韩信。此三者,皆人杰也。吾能用之,此吾所以取天下也。项羽有一范增而不能用,此其所以为我擒也。"

张良、萧何、韩信是辅佐刘邦打下如画江山的三大能人,史称"汉初三杰"。刘邦自知才疏学浅,文不如张良,武不如韩信,安抚百姓、调度粮草又不如萧何,可他却非常善于采纳他人的建议,身边的能人都可以充分发挥作用。

反观项羽这边,范增可以说是项羽身边唯一的能人,但是项羽很执拗,并不听取他的意见,因此才会落得最后失败的下场。这在鸿门宴上表现得尤其明显。当时项羽的"亚父"范增,几次三番以玉玦示意他必须决断,除掉刘邦,甚至还让项庄舞剑助兴,意在伺机杀掉刘邦，永绝后患。但项羽却优柔寡断，认为刘邦既然已经亲自登门致歉认输，就不必赶尽杀绝，最后虎归山林、龙回大海。

然而在乌江江畔，项羽被围，刘邦却没有放过他。项羽由于"无颜见江东父老"，最后无力回天，兵败自刎。史学家大都将楚军的失败归因为项羽刚愎自用，不倾听别人的意见。人物性格造就了项羽的悲剧命运，可惜了项羽将一手好牌打到一无所有。

那么刘邦是如何从一无所有到一手好牌的呢？

听人劝。

刘邦有自知之明，知道自己实力不够，资源不好，特别善于倾听别人的劝告。正是由于这一点，这个原本一名不文的沛县混混成为汉朝开国皇帝，名垂史册。

刘邦"善听"到何种程度呢？《史记》中的另一段记载，能够让我们对此有更加深入的了解。

当时刘邦称帝，派韩信攻打齐国。韩信善战，没用多久就收复了齐国，这时恰逢刘邦被楚军围困在荥阳，刘邦给韩信写信，希望韩信帮他解围。然而，韩信让使者送来的回信中写道：齐国人狡诈多变、反复无常，齐国南面的边境与楚国交界，如果不设立一个暂时代理的王来镇抚局势，一定不能稳定齐国。为了当前局势，希望您能允许我暂时代理齐王。

刘邦看了信，勃然大怒：自己被困在这里，希望韩信发兵相救，此时此刻韩信却想要自立为王，岂不是落井下石？思及此处，刘邦破口大骂：我在这儿被围困，日夜盼着你来帮助我，你却想自立为王！

此时，侍立在刘邦身旁的张良和陈平同时暗中踩刘邦的脚，两人凑近刘邦的耳朵说：目前汉军处境不利，怎么能禁止韩信称王呢？不如趁机册立他为王，待他好些，让他自己镇守齐国。如若不然，很有可能发生变乱。

刘邦立即醒悟，意识到如果此时与韩信翻脸，韩信不帮他打楚军，自己的江山有可能还得拱手让人。于是，刘邦急中生智，故意当着韩信使者的面骂道：大丈夫平定了诸侯，就做个真王好了，何必做个暂时代理的王呢？刘邦派张良前往韩信军中，册立韩信为齐王，征调他的军队攻打楚军。

从一个小小亭长到天下共主，刘邦的成功绝不能仅用"运气"二字一笔带过，更重要的是他非常善于在关键时刻控制自己的情绪，能够听进去别人的劝告，因此才笑到了最后，成就大汉基业。

正所谓"兼听则明"，在现代企业中，善于倾听也是员工最看重的管理者品质之一。

美国一家机构曾经在雇员中做过一个调研，调查管理者身上最受欢迎的素质以及最令人讨厌的素质。结果表明，管理者最受欢迎的素质中，排名第一的是善于倾听，而最令人讨厌的素质中，排名第一的是 blank wall，意思是一堵空白的墙。员工在跟这样的管理者说话时，感觉就像对着一堵空白的墙，没有任何反馈，这种感受无疑十分痛苦。从这个调研结果来看，善于倾听是员工非常看重的管理者素质。

如果企业管理者是良好的倾听者，那将会是团队所有成员最大的福祉。跟一个良好的倾听者在一起，你会忍不住说很多话，因为他有办法让你说出更多的话，这样就会大幅提升谈话的效率，有利于团队整体的管理工作顺利进行。

在央视工作的过程中，我接触过很多优秀的电视人。其中白岩松老师和崔永元老师都是我学习的榜样，但是他们的工作风格很不一样。

白岩松老师是主播型的，他善于就某个事件进行理性的剖析、判断，得出结论。他的演讲和评论节目都很出彩，赢得了很多观众，但是让他主持访谈节目的效果就不太好。我记得有一次，白岩松老师主持一个访谈节目，采访的是抗洪官兵。本来是让官兵多说一些，但是现场的情景是这样的：白岩松老师说"这次地震的因素大概有这几个原因……""这次救灾的时候，大家表现得都不错，您觉得呢？"他把自己能说的都说完，丢给对方一句"您觉得呢？"对方的回答只有"是的""对的"，全程都没有说几句话。

崔永元老师是访谈型的,让他去做一个比较严肃的评论类节目,效果估计也不会太好。他的强项在谈话节目,因为他比较善于挖掘嘉宾的情绪,往往只需要先说一句话,就能诱导对方说出很多来。当时一个很火的节目叫"郭大姐救人"。主人公郭大姐本人语言能力有限,参与别的节目时,总是因为说话问题被剪辑掉。而在崔老师主持的节目里,郭大姐针对崔永元老师提出的问题说了很多话。听到某一个点的时候,崔老师就在旁边一直笑,崔老师笑得越大声,郭大姐便讲得越开心。最后郭大姐讲话也变得越来越流利,说出了很多原来没有准备的话题,节目播出后反响十分热烈。

不仅做电视节目如此,管理企业更是如此。善于倾听是一个优秀管理者的必备素质。在一些企业里,有很多人愿意为他们的领导赴汤蹈火。因为员工感觉,他们的领导愿意跟他们在一起工作,尊重并信任他们,随时随地认真倾听他们的意见,并真心为他们着想。通过认真倾听的方式,管理者和员工之间建立起情感账户,并且存入了数额不菲的资金。

《硅谷钢铁侠》是我很喜欢的一本传记,该书的作者阿什利·万斯历时4年采访了众多在特斯拉和Space X公司工作过的员工,并且他没有允许马斯克审核其中任何内容,所以这本书的可读性很强，推荐大家一读。

在书中，阿什利·万斯记载了许多埃隆·马斯克的有趣故事，看完之后你会发现，原来这样一个热衷于改变人类发展进程的硅谷大佬，其实是个十分乐于倾听的管理者。马斯克喜欢在公司巡视，无论他走到哪里，附近的员工都会冲到他面前汇报大量信息，他会专注倾听和思考，并在随后的时间里尽可能解决这些事情。这让员工感觉他的倾听不是一种姿态，而是真的在行动。他们愿意跟这样的老板一起工作。在这些过程中，他与员工之间的情感账户越来越丰厚，也越来越拥有一种"骂人的资本"。

什么叫作"骂人的资本"？

在建立起与员工的情感账户之后，管理者由于某件事情批评员工的时候，员工就不会轻易生气，反而感觉管理者是真心为他好，这种批评可以接受。然而，事实上更多管理者遇到的情况是：员工在受到批评之后，心中委屈、抱怨，觉得管理者只会仗着自己职位高耀武扬威，并没有什么了不起。

以上两种情况的区别就在于管理者与员工之间是否拥有情感账户。如果员工与管理者有感情基础，有基本的尊重和信任，那么即使是批评员工，员工也会愿意往好的方向想；反之，如果员工与老板的情感账户中空空如也，缺乏尊重和信任的基础，员工就会将管理者的批评看作无意义的人身攻击。

　　因此，成为一名优秀管理者的前提，就是通过认真倾听与员工建立情感账户。只要能做到这一点，无论任何时候，与员工沟通都会变得非常顺利。

倾听的要点是吸收对方的信息

上文说到，善于倾听的管理者最受欢迎。大多数的管理者总是希望别人认真倾听之后就去执行，却不善于听取雇员的意见。有人说，倾听不就是不说话吗？等着对方把话说完，很简单啊。实际上倾听不是被动地等着，倾听更是一个接收对方信息的过程。善于倾听的人可以将对方表达出来的以及未表达出来的信息尽可能接受，提升双方的沟通效率，建立彼此之间的信任感，为管理工作的顺利进行打下坚实的基础。

但事实上，我们发现企业中能做到这一点的管理者凤毛麟角。这是为什么呢？

沟通学里有一个原理：两人谈话时，先说话的那个人会在谈话前5秒开始想我要说什么；开始谈话之后，另一个人就会在5秒内开始思考对方下一句要说什么。换句话说，在5秒之后，倾听者实际上一直在构思自己要说的话，对方的话大部分都没有听清。而一个善于沟通的人，也只是将这个时间延长到 30 秒而已。由此可见，认真倾听是一件很不容易的事，能做到的人能力都不一般。那么假如公司有一个倾听能力很好的人，我们如何在管理层推广他的经验呢？这个能力能不能被复制？答案是肯定的。为了提升自己的倾听能力，我们可以使用一些标准化的工具。

要想复制倾听的能力，首先得对倾听的流程有个基本的认识。一般而言，倾听可以分为以下三个步骤（如图 7-1 所示）。

深呼吸 ▶▶▶ 提问 ▶▶▶ 复述

图 7-1　倾听的三个步骤

1.深呼吸

一定有人问，倾听的第一步怎么会是深呼吸？其实深呼吸的目的是保证倾听者的情绪稳定，将注意力集中在对方说话这件事上。这样做可以让我们的心沉静下来，专注于当前的事实而非情绪。尤其当对方说的话你并不爱听的时候，这种深呼吸就会起到很好的平稳情绪的作用。我会建议企业管理者经常静坐，因为这样能让心思收一收，不带情绪，以更加客观理性的状态投入到工作中去。

第 7 章　学会倾听，创建良性的交流通道

《西游记》我起码读了十遍以上。年少刚接触《西游记》时，我经常会产生这样的念头：唐僧取经路途十万八千里，孙悟空一个跟头也是十万八千里，孙悟空背着唐僧一个跟头就能到达西天，为什么还要跋山涉水历尽千辛万苦去取经？

长大之后再读《西游记》，我发现其实《西游记》压根儿就是唐僧个人的修佛过程。孙悟空代表了唐僧那颗不受约束的心。此外，悟空有七十二般变化，我们的心也有"七十二般变化"，可以去我们想去的任何地方，比如纽约、非洲，甚至月球。孙悟空的所有本领原本就是我们不受约束的心的特征。与孙悟空一样，这颗心的力量很强大，破坏力也很可怕，所以才会出现紧箍，为的就是约束那颗心。

猪八戒代表的是唐僧作为一个普通人的欲望。猪八戒看到美女、美食、金钱都会犯错，可是唐僧并不会去管猪八戒，也不说他。我们对自己的欲望犯下的错误总是会比较宽容一些。

沙僧的名言因为春晚变得家喻户晓："师傅，二师兄被妖怪抓走啦！""大师兄，师傅被妖怪抓走啦！"这个段子流传很广，观众对它的接受度很高，觉得沙僧好像就是那样。他说的每一句话都是对的，但是很无趣。他就只知道干活，挑着担子无怨无悔。他代表的就是唐僧的理性和逻辑。

白龙马代表的则是唐僧的意志，无论团队中的其他人表现如何，是精诚合作还是闹着散伙，白龙马都是一定要去取经的。

孙悟空和牛魔王是好兄弟,原本都是山野的妖怪,无法无天。孙悟空跟着唐僧去西天,一路修行,最后成为斗战胜佛;牛魔王还是原来的心性,所以他未能摆脱"妖怪"的身份。

心如果没有经过修炼,时时刻刻处于原始状态,就不会有清明通透的时候,总是处于蒙昧原始的状态。只有修成正果,才会真正不受约束,获得大自在。

在《西游记》的最后,孙悟空修炼成佛,对观音道:菩萨,此时我已成佛,与你一般,莫成还戴紧箍儿,你还念什么紧箍咒约束我?趁早儿念个松箍咒,脱下来,打得粉碎,切莫再去捉弄他人。

菩萨说:当时只为你难管,故以此法制之。今已得道成佛,自然去矣,岂有还在你头上之理!你试摸摸看。孙悟空举手去摸,果然没了。

《西游记》塑造了诸多角色的丰满形象,其实说的都是人心,人所有的束缚也来自内心。《孟子·告子章句上》中有一句"学问之道,求其放心",意思是做学问其实也没有什么大道理,就是将丢失的本心找回来而已。只有将心沉下来,才能看清这个世界,才能有效倾听他人内心的声音。倾听之前深呼吸,清除私心杂念,放下偏见,只留下平静的心为接下来的倾听做好准备。

2.提问

倾听是不是就是保持一种姿态到最后？当然不是。在倾听的时候，适时提出一些问题，对方才会有意愿做更多的交流和沟通。提问不只是证明你在听，同时传递的还有对谈话者的尊重和信任。善于在倾听中提问，会让对方感受到尊重，更容易赢得信任，而这正是领导力产生最重要的基础，这些都是通过倾听可以达到的。姿态优美不是最重要的，重要的是实时反馈。

不知道大家有没有这样的经验，有时别人跟你说话的时候，只看到他的嘴在动，但是他说什么却不清楚。这种情况被称为"不在状态"，说明你走神了，注意力没有在当下的谈话中。如果此时别人问你，他刚才说的是什么，你肯定回答不出来，情况就会变得比较尴尬。这是社交中非常失礼的一种表现。

在沟通时只是礼貌性地回应远远不够，适时提问才是正确的回应方式，能够给谈话者隐形的鼓励，促使谈话继续进行下去。提问分为两种，一种是封闭性问题，另一种是开放性问题。

（1）封闭性问题

封闭性问题是指那些只能用"是"或"不是"等具体答案来进行解答的问题。这种提问方式在销售层面有着较为广泛的应用，为的是不给客户考虑的空间，只要回答"是"或"不是"就好，造成一种心理催眠效果,"7 YES成交法"是其典型代表。

  传销组织在卖东西时大多不会考虑产品的潜在市场和适销价格,因为任何东西都可以通过"7YES成交法"的话术卖出去。比如一个标价3000元的洗脚盆,正常人大多不会购买,但这在传销组织中很容易成交。当然,他们绝不会开场便让你购买洗脚盆,而是设置7个需要用yes来回答的问题。一般来讲,话术会这样进行:

  传销者:"朋友们,在外打拼这么多年,大家觉不觉得健康是一件非常重要的事情?是不是?"

  观众:"是。"

  传销者:"那父母的健康是不是很重要?"

  观众:"是。"

  传销者:"大家是不是感觉我们每天忙于事业,对父母的关心不够?"

  观众:"是。"

  传销者:"如果我们可以花一顿饭的钱,给父母带来健康和快乐,是不是一笔很划算的投资?"

  观众:"是。"

  传销者:"人老脚先老,洗脚可以使父母身体更加健康,更加长寿,是不是只要一顿饭的钱就可以实现,帮你完成孝心?"

观众:"是。"

接下来,传销者还会设置很多需要观众回答"是"的问题,不光要回答"是",还要观众点头表示认同。这是一种群体性的催眠方式,只要周围有两千人不断地点头说是,最后无论台上的传销者说什么,观众都会点头说是。在连着说6次yes后,传销者的第7个问题将会是"你是否愿意购买?"此时肯定有人习惯性地说"yes",3000元一个的洗脚盆就这样成交了。

"7 YES成交法"带来的销售额非常惊人。虽然这种做法有违社会道德,但其中蕴含的原理却耐人寻味。

(2)开放性问题

与封闭性问题相反,开放性问题是指那些不能轻易用"是""不是"或者其他一个简单的词、数字来回答的问题。开放性问题需要对方针对有关事情做进一步的描述,并把他们自己的注意力转向所描述事情中比较具体的某个方面。开放性问题没有标准答案,以"怎么样……"开始的开放性问题比那些以"为什么……"开始的开放性问题,更容易得到有价值的信息。

在交谈中,开放性问题非常重要,它会让谈话者的思维更加活跃。封闭式问题像一个明亮的小红点,亮度很高,但只能照亮一个点;而开放式问题就像一盏灯,只要一打开,整个屋子都会被照亮。一个善于倾听的管理者,必定善于提出各种开放式问题。比如一个人喜欢吃东西，背后其实可能有很复杂的心理因素。善于倾听的管理者通过设置一些问题，就可以把他肚子里的话都问出来。

3. 复述

大家在工作中，有没有遇到这样的情况，分明当时听得也很认真，两人都说好的事情，到关键时刻发现两人的理解不一致，导致事情最后进行得非常不顺利。这就是倾听的第三个环节出了问题。我们需要对倾听的结果有一个确认的过程，这个过程叫作复述。为什么一定要复述呢？

在沟通中我们经常会遇到一个问题——沟通漏斗：管理者心里想的是100%，在众人面前用语言表达时，已经漏掉了20%，只剩下80%。而这80%的事情被倾听者接受后，由于文化水平、知识背景等关系，只留下了60%。实际上，真正被倾听者消化理解的大概只有40%。等到员工遵照领悟的40%具体行动时，已经变成了20%（如图7–2所示）。

这种情况在现实中也很常见。比如两个人约定，第二天早上10点在公司门口见面，结果其中一个人10点就到了，另一个人10点半才来。原因是前一天两个人对于约定时间的理解上有分歧，一个人认为约定的是10点，另一个人认为是10点半。昨天

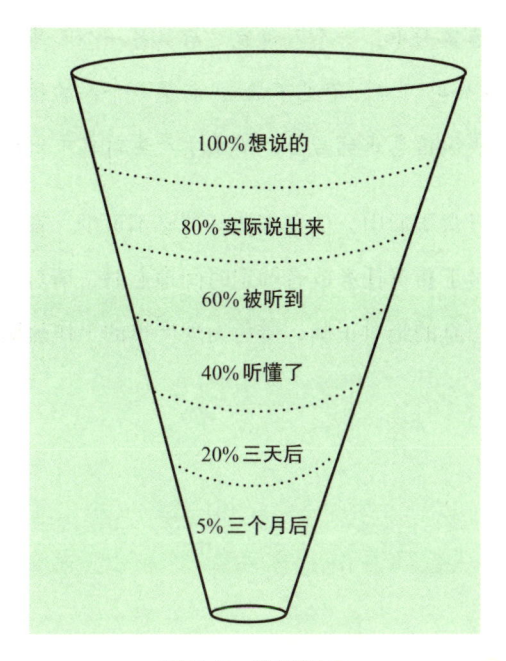

```
    100% 想说的
    80% 实际说出来
    60% 被听到
    40% 听懂了
    20% 三天后
    5% 三个月后
```

图 7-2 沟通漏斗

已经过去了,没法去查证,而且也没必要,对吧?很多时候这会让人很不开心,开始怀疑人生。

如果出现这种情况的是比较重要的事务,比如 10 点签合同,10 点半才到,可能客户对你的印象就不好了,会直接影响企业的业务开展,给团队工作带来极大的麻烦。那么如何避免这种情况发生呢?这就需要一个信息确认环节——复述。

在上述案例中,一个人说完之后,另一个人马上复述"明天早上10点公司门口,不见不散",与第一个人的话一字不差,就可以及时确认信息正确与否,不至于产生前文中出现的情景。

在公司的日常沟通中,信息确认环节必不可少。管理者需要养成一个习惯:向员工布置任务或者约定时间地点时,请对方将信息复述一遍,以保证信息的绝对正确,避免出现严重的工作疏漏。

肢体动作比语言更重要

倾听的范围包括说出来的话以及没有说出来的部分。在没有说出来的部分中，肢体动作是非常重要的成分。一个优秀的管理者，不只在倾听语言，也在观察行为。解读肢体动作的重要性在某种程度上甚至已经超越了语言本身。

美国一项研究表明，日常交流沟通时，语言传递的信息只占7%，其他诸如声调、表情等传递的信息占到93%。因此，管理者倾听员工谈话时，不能只关注语言，还要关注非语言的其他信息，尤其是肢体动作。这样有助于管理者充分了解员工的想法。比如两个人说话时，其中一方身体忽然向后仰，这就说明他不同意你的观点，你会发现他的回答比较敷衍。身体的距离代表心理的距离，身体离得越远，两个人的心理距离也就越远。

肢体动作如此重要，以至于很多能够解读肢体动作的专家，比如很多FBI（美国联邦调查局）员工退休之后，会成为知名企业的商业顾问。如果公司跟其他组织谈判，他们就坐在会议室内，不发言，只是盯着对方的人，观察他们的肢体动作并加以解读，协助公司做出决策。通常情况下，这些FBI的肢体动作解读高手们仅需参与一天谈判，便能大致判断提出的条款哪些对方可以接受、哪些不会接受，以及对方的底线是什么……

在商业领域，他们可能不算专家，但是在肢体动作的解读上，他们的水平却是世界一流，很少有人能够在他们的眼皮底下成功掩饰自己的意图。因此，他们可以通过这项技能大致判断出对方的真实情况，为企业下一步行动提供可靠的依据。

为什么观察肢体动作反而会比较可靠呢？要想回答这个问题，我们需要回顾一下人际交往发展的历史。人们已知的信息交流方式分为口头语言、书面语言以及肢体动作三种。用肢体动作交流是我们原始祖先最早使用的交流方式，随后出现了表达特定意思的口头语言，最后才出现了记录用的书面语言。这三者出现的时间不同，表达的特点也各有千秋。

1.书面语言

从这三种语言的特征上看，书面语言出现得最晚。它的表达方式冷静客观，表达的内容经过人们反复核实确认，最容易掩饰人们的真情实感。由于文字的客观性，它经常被用于严肃的合同文件、法律文件等。所谓"白纸黑字"，说明书面语言必须是经得起推敲的，是最精确的。

2. 口头语言

口头语言的表达方式更加直接，带有强烈的主观色彩和即时性，故而不会做太多修饰，比书面语言更加可信，但仍存在一些务虚的因素。比如一些客套话，明明心里不是这样想，为了表面和睦说一些虚假或吹捧的话。有一个成语叫作"摇唇鼓舌"，意思是用语言进行有意的煽动挑拨，这说明口头语言是有煽动性、有目的性的。

3. 肢体动作

肢体动作与以上二者不同，它是下意识的，除非经过刻意训练，否则任何人都无法控制和修改自己的肢体语言。因此它是三种语言类型中最真实的。

员工谈话时，肢体语言和口头语言相辅相成，向管理者全面展示员工的工作状态和背后原因。肢体语言的稳定性为管理者提供了全面深入了解员工的新途径，正所谓"观其行而知其心"。通过对肢体动作的解读，管理者对员工的真实想法就会有一个更加准确的认识，更有助于管理者倾听。以下是管理者在倾听员工谈话时需要格外重视的四种肢体动作。

1. 目光接触

眼睛是心灵的窗户，眼神的千变万化反映的正是员工复杂的心理变化。通过与员工的目光接触，管理者会了解到许多员工口头语言中没有传达的信息。

（1）如果员工在交谈中始终将视线集中在管理者身上，这说明他很尊重上级，对所谈的问题也十分重视。

（2）如果在交谈中，员工习惯于不正视管理者的目光，说明员工对现在谈论的这个话题不感兴趣。如果出现这种情况，管理者就需要随机应变，将话题引导至该员工感兴趣的方面，以便找到更加有效的沟通方式。

2. 手势

手势是员工在交谈中无意识的一些动作，其中可能潜藏着一些重要的信息。管理者可以结合当时的语境思考手势背后的原因，了解员工的真实想法。

> 一个人在撒谎时会抚摸自我安慰区。女性的自我安慰区是胸口，男性的自我安慰区是脑后。员工如果对管理者说："昨天来了很重要的客户，我加班到很晚。"与此同时，他将手背在脑后，这就说明他很有可能在撒谎。此外，耸肩、摸鼻子、抓痒、快速眨眼也是非常明显的说谎标志。

3.腿部动作

在交谈中，腿部动作也是反映心理状态的重要标志。如果员工在交谈时腿部放松，说明他此刻的心理比较放松；如果他跷着二郎腿，同时手交叉在胸前，则意味着他非常生气或反对管理者的观点；如果员工一直在抖动自己的双腿，则说明他处于紧张焦虑的状态……这些腿部动作有利于我们掌握沟通的时间与方式，一旦发现对方有所不适，我们就需要结束谈话或者是调整谈话的语气、内容等。

4.空间距离

在沟通时，不同的距离代表了双方不同的关系。比如亲密距离是指两人之间的距离小于45厘米，这一般是亲人、爱人之间的距离；如果两人的空间距离在46厘米至120厘米，大多是熟人和朋友；如果在120厘米至360厘米的范围内，那就是典型的社交距离了，应用于社交场合或者工作场合；360厘米以上的空间距离，一般用于公众演讲。

与员工交谈一般适用工作场合的社交距离，即120厘米至360厘米。但是如果谈话中管理者发现对方与你的距离超过了开始谈话的距离，就说明他其实不同意你的观点，已经逐渐拉开了彼此的距离，因为身体距离其实是心理距离的反映。

通过肢体动作，管理者可以有效判断出员工在谈话时的真实心理，并给出最合适的反馈。反之，管理者也需要学会控制自己的肢体动作，避免在沟通时犯以下 9 种常见的错误。

1. 无精打采

这是最明显的不尊重对方的表现，意味着此时你有些厌倦，一点儿也不想继续与员工谈话。当然，你绝对不会直接开口对员工说："我为什么要听你说这些废话？"但是如果无精打采，你的身体就会大声且清晰地出卖你。

2. 夸张的手势或点头

这种类型的手势会向员工暗示你正在夸大事实，但一些小幅度的手势能展现你的管理能力和自信。比如张开双臂或摊开双手，都在告诉对方你对他没有丝毫隐瞒。与此类似，对方可能会认为重重点头只是为了掩饰你内心的真实想法，其实你并不赞成或者并不理解他说的这件事情。

3. 谈话时看手表、坐立不安或拨弄头发

这三种肢体动作表明你此刻有更重要的事情要做，想要赶快结束谈话，急于离开沟通场所，会让对方产生不受尊重的感觉。

4. 交叉双臂或紧握拳头

这两种肢体动作是典型的防御姿态,暗示你对此次谈话并非持有完全开放的态度。即便你与员工的交谈很是轻松愉快,对方依然会有被排斥的感觉。

5. 言语和面部表情不一致

当你的口头语言与肢体语言出现冲突时,会让对方觉得哪里不对劲,并开始怀疑你在欺骗他。例如,紧张的微笑并不能缓和沟通的气氛,反倒会让对方感到不安,误以为你有其他的想法。

6. 避开对方目光

谈话过程中,如果缺少直接、持续的眼神接触,会让对方觉得你对他此刻说的内容不感兴趣,给对方造成疏离感,影响沟通的继续进行。

7. 过于强烈的眼神接触

与上一种肢体动作恰恰相反,过于强烈的眼神接触会让对方觉得你好斗或试图占据主导地位。研究表明,最易让谈话对象接受的眼神接触时间平均为7~10秒,且倾听时应比说话时的接触时间稍长一点儿。

8. 转动眼珠

在倾听时不断转动眼珠也是对谈话对象缺乏尊重的一种表现。也许对有些人来说这只是一种自发的习惯,但如果稍加控制,将会取得一些意想不到的效果。

9. 皱眉或其他不开心的表情

这些肢体动作会向员工传递你正处于心烦意乱的状态,和你谈话的人很容易将你拒于心门之外。即便你糟糕的心情和他们毫不相干,可他们不一定会这么想。

用认同化解对方的失控情绪

有很多管理者善于用KPI（关键绩效指标）来考核，其中最重要的原因是应对艰难谈话的能力有限，在出现谈话困难的时候不知道应该怎么办。现在我们就来说一下这个问题：如何面对对方的情绪失控。

管理者在倾听时，经常会碰到对方情绪失控的情况。当工作压力过大，或者情绪波动过于明显时，很多人会突然失控地大叫、大哭。面对这样的情绪爆发，通常的做法是安慰他，结果却总是收效甚微。言语上的安抚经常会起到相反的作用——你越是让对方"别哭了"，他往往会哭得越厉害。

更有效的处理方式应该是"反映情绪"。反映情绪是指在对方情绪出现波动的时候，通过一系列的询问让对方认识到自身的情绪状态。

反映情绪是与人沟通最重要的根基。如果我们面对对方的失控，只是重复地说"冷静点""理智点"，而根本不照顾对方的情绪，那么对方的情绪就会越来越坏，最后导致事情谈不拢。所以首先要处理的问题是情绪，而不是你手上所谓的"正经事"。

比如，管理者可以问员工"这件事让你很心烦，对吗？""这件事让你很难过，对吗？""这件事让你很悲伤，对吗？"等类似的问题，实际上就是我们前文所说的封闭性问题，你只需要让对方回答"是"或者"否"。

对方说"否"，说明他的情绪并非我们描述的那样，需要转换方向继续调整；对方说"是"，他的情绪就会变好一些。我经历过很多这样的事情，也多次使用过这个办法，发现每次都有效果。那就是，只要能够想办法让对方说"是"，情绪就会缓和下来。

生气对身体的伤害众所周知，中医里有一句话叫作"怒伤肝"，发脾气会给身体带来很大的伤害。但是无论情绪怎样激动，只要能够说出"是"并承认自己的情绪，气氛就会缓和下来。

当时我只知道这种方式很有效，但是为什么会奏效呢？我就开始查阅各种资料，找最基础的原理。最后我在道家的一本典籍中找到了。

道家典籍中说道：怒发冲冠时，只需点头就可平复情绪，觉得一切都可以接受。换言之，在沟通对象生气时，管理者只需要让其做出简单的点头动作，就可以达到"灭火"的目的。一个点头的动作可以平息情绪，反之，摇头摇多了，就会气血翻滚、情绪激动，导致看任何人都不顺眼（这也是很多人不同意未成年人进迪厅的原因）。

为什么一个简单的动作会对人的情绪产生直接的影响？有一个著

名的心理学实验,验证了人的情绪反应机制中有一种现象叫作"导入效应"。何为导入效应?一般情况下,人们认为情绪会影响我们的行为,殊不知我们的行为反过来也会影响情绪。

科学家将一群孩子分成人数相同的两组,让他们戴上耳机。之后,科学家告诉其中一组孩子上下点头以测试耳机灵敏度,又告诉另一组孩子左右摇头来测试耳机灵敏度。这样一来,一组孩子总在点头,另一组孩子总在摇头。

测试完毕,科学家向孩子们提出了一个比较中性的观点,并让他们回答是否同意。结果表明,总是点头的孩子中80%都同意该观点,而总是摇头的孩子中80%对此都持反对态度。

实验表明,人的行为确实会直接影响思想。在现实生活中也有类似的例子。谈恋爱的两个人,如果其中一方经常提出分手,他们的结局往往是一拍两散。

言归正传,管理者在面对情绪失控的人时,最好的办法就是千方百计让他说"是"。只要他说了"是",情绪会马上缓和,因为他从这个回答中找到了认同。认同感的获得有非常鲜明的性别差异,女性比男性要强很多,很多女性与人交谈的目的就是寻求共情。在这一方面,男性管理者不妨多向女性学习。这里我们需要分清一个概念,认同观点和认同情绪是有区别的。让我们来看下面的例子。

员工找到你，要求给他加薪，这时你说我认可你，此时你认可的是他的观点；员工说如果不加薪的话我生活压力很大，我很难过，这时你说我认可你，此时认可的是他的情绪。当员工拿这两样东西跟你谈的时候，我们要做的首先是认可情绪，就是员工生活压力大非常难受，我很理解你。等到员工情绪渐渐稳定下来之后，我们再继续讨论是否应该加薪，应该加多少钱，或者换成别的方式，以便找到最佳解决方案。

所以，一切所谓"艰难"的谈话，最难过的往往是第一关，即认同对方的情绪。过不了这一关，其他的沟通技巧都没办法起作用。核心是处理好情绪问题。

这一原则不仅在企业管理中非常适用，也普遍适用于需要沟通的任何艰难场合。

现在每个家庭里的孩子都是掌上明珠、小天使，但是孩子哭闹起来却很让人头疼。父母面对这些"无理取闹"的小不点，很多时候是手足无措的。其实再闹的孩子，都可以用引导的方式让他承认自己的情绪，让他知道自己现在的状态。只要家长能这样做，大多数孩子马上就不再闹了。我曾经将这个办法运用在哄孩子上，效果显著。

有一回，朋友的孩子到我家玩，我的孩子和他相处得十分愉快。到了晚上9点半，朋友要带孩子回家时，那孩子却忽然间开始大哭大闹，说他还没有玩够，无论如何也不肯跟他妈妈回家。

哄了一会儿朋友见没有什么效果，就生气了，说："今天就不给你面子了！"说罢便卷起袖子，准备动手打孩子。可那孩子还是执拗得很。

眼见空气中的火药味越来越浓，我赶紧将朋友劝服，然后把孩子叫到一边，问他："你是不是觉得今天还没有玩够？"

孩子回答："对，我们刚才的游戏还没有玩完呢！"

于是我又问："是不是妈妈现在着急让你走，你觉得特别难受？你舍不得离开这个地方。"

孩子道出了原委："对啊，因为我在家里很少能这么开心地玩。"然后他跟我说了很多他的日常生活情况。

听完孩子说的话，我接着问："妈妈刚才跟你说话的语气让你感觉不被尊重，对吗？"

孩子点了点头，说："对，你不知道她在家里是怎么对待我的，她可厉害了！"在我的诱导下，孩子开始跟我说朋友在家如何对待他。在倾诉的过程中，孩子的情绪渐渐稳定下来。

在控制住孩子的情绪后，我对他说："你们今天玩得很开心，你一定也希望有一个开心的结尾，对吗？说好下次我还让你们在一起玩。但是，你们今天玩了一整天，大家都很累了，咱们再玩十分钟，十分钟之后你就跟妈妈回家，好吗？"

孩子说："好。"

亲子关系是家庭中非常重要的关系。父母都爱自己的孩子，生活上给他们无微不至的照顾，为他们的成长付出了很多心血。孩子乖巧懂事还好，一旦哭闹起来，家长就会非常抓狂、非常痛苦。在家庭生活中遭遇孩子哭闹的情况，我们不妨使用反映情绪的办法：在孩子情绪激动的时候，顺着他的意思猜测他的情绪。家长说得越准确，孩子情绪平复得就越快，直到孩子说"是"，我们和孩子就会平心静气地完成健康的沟通，不至于因为孩子的情绪而影响到自己的情绪，让整个家庭都陷入情绪风暴的旋涡。

在亲子关系中，如果家长感觉到非常痛苦，那一定是沟通方式存在问题。如果用正确的方式沟通，教育孩子的过程会是非常开心、非常有成就感的。

上文中，我们知道，面对艰难谈话的第一关是反映情绪。它可以让员工认清自己的情绪状态。管理者一旦认可了员工的情感，就能让员工在团队中获得归属感，这种归属感是团队凝聚力的重要来源，也是团队建设中至关重要的内容。

第 8 章

及时反馈,
让员工尊重你、信任你

激励可以让员工业绩翻倍,训斥会让员工陷于低迷,不同的反馈技巧结果千差万别。能够接受和给予反馈,是管理者保持竞争优势的关键能力。

别用绩效考核代替反馈

管理工作最重要的是与员工之间的沟通，也就是怎么跟员工说话。一个优秀的管理者应该将及时反馈视为日常管理工作中的重要内容，它可以确认员工过去的工作成果，指导未来的工作方向，使员工始终保持积极的工作状态。员工做错了要反馈，员工做对了也要反馈。但在日常运营中，大多数企业都有一个很不好的倾向，那就是用考评来代替指导和沟通，对于直接的沟通和反馈的重视程度远远不够。

在企业里，有很多管理者更加重视KPI的标准，更愿意用考评来替代指导，认为只要调整好激励政策，制定好考评制度，员工就可以自动调整其行为，适应企业日常工作的要求。为什么大家对于正面沟通不够重视，反而倾向于公式化的考评呢？实际上这是因为管理者自身的懒怠，很多管理者对于艰难谈话有逃避的心理。他的沟通能力有限，往往一谈就容易吵架，容易造成关系紧张；用谈话的方式进行沟通，效果也不太明显。所以管理者不愿意跟员工沟通，更愿意用一些指标来约束员工的行为。

但是作为管理者，我们要知道，在团队管理中，员工最讨厌的不是惩罚，而是突然的"惊喜"。什么是突然的惊喜呢？就是这一年下来你都没有说我哪里做得不好，结果年底考评你告诉我不合格。平时见了面都是你好我好大家好，结果到了关键时刻，你翻脸了。这是最让员工反感的。

请记住，企图用绩效考核来代替反馈，最后的结果很有可能适得其反。让我们来分析一下其中的原因。打个比方，绩效考核和反馈其实相当于学生时期的期末考试和平日辅导。如果一个学生期末考试的成绩不合格，但是平日里没有人告诉他某一类型的题目他的解题方式存在问题，那他是否会埋怨老师？难道老师的职责就只是期末考试阅卷吗？显然不是。

作为管理者，我们的任务是帮助员工去完成任务，做好平日里的辅导，而不是在他不达标的时候惩罚他，让他无所适从。有的公司甚至会用罚款的方式来代替沟通和反馈，但是大家想一想，有没有听说过哪个公司靠员工罚款来提升业绩？

绩效考核是反馈的一部分，绩效考核的结果可以分为两方面解读：一方面是员工的工作表现，另一方面是管理者的工作成果。员工的工作表现不佳，意味着管理者的工作成果也存在瑕疵。因此，管理者不能简单地将绩效考核差归结为员工的问题，同时也要反思自己的管理方式是否存在问题。

用简单的绩效考核代替工作反馈，用一些冰冷的数据和指标来衡量员工的工作，伤害的是员工的积极性，牺牲的是企业的发展时间，对于企业有百害而无一利。我们需要认识到，管理者的职责之一就是帮助员工成长、顺利完成工作，而不仅仅是制定各种绩效考核指标去衡量员工，将他们分为三六九等，评头论足。

如果我们可以设身处地站在员工的位置上思考，不难发现一个事实：对于指导和反馈，员工是有着非常迫切的需求的。

恐惧是人类的天性之一，人类对于未知的事物总会感到担忧和害怕。如果等公交可以像等地铁那样时间固定，那么很多人就不会选择打车。人们担心盲目等待会耽误重要的机会，才会抓住眼前比较确定的东西来安抚自己紧张的心情。

工作中也是如此。员工在刚开始接到新项目或接触新领域时，充满热情，但是如果在工作过程中没有得到管理者的及时反馈，就会产生紧张、焦虑的情绪。此时管理者若能及时给予工作反馈和意见，对员工来说不亚于久旱逢甘霖；反之，如果不沟通，则会导致员工的工作热情下降，影响整体工作进展。

比如，企业分派给技术团队的任务是研发一款手机软件。最初的版本可能存在很多漏洞，一般的做法是在用户反馈的基础上持续迭代，逐渐完善其功能，提高用户体验。还有另一种方式是在设计初期就先通过本部门的测试，由内部员工进行反馈，技术团队的管理者可以就软件中的漏洞与团队成员一一沟通，分析产生的原因，明确想要的效果。这样一来，员工自然有了改进的方向。通过内部反馈和改善，软件在面市之前就进行了多次迭代，虽然可能依然做不到尽善尽美，但起码能避免一些基本错误。与前一种做法相比，这种做法大大降低了客户差评的风险，帮助产品在上市之初就能获得良好的口碑，为企业发展赢得时间。

员工需要通过反馈来总结过去、指导未来，管理者需要给员工及时反馈来保证团队方向始终一致。绩效考核的结果是员工和管理者都需要承担的责任，一个普通的管理者会使绩效考核变成员工的噩梦，而一个受到员工尊重和信任的管理者会让考核结果皆大欢喜。

赢得员工的尊重和信任是管理者塑造员工行为的情感基础。如果管理者与员工之间建立起足够的尊重和信任，管理成本就会大大降低，即使绩效考核的要求较为严格，员工也不会介意，反倒会千方百计通过考核。但是反观中国的很多企业，如果管理者为员工制定了稍微严苛一些的KPI，结果一定会激起员工的愤恨之情，员工会感觉管理者只看重结果而不看重个人潜力。这就反映出，如果没有足够的尊重和信任，绩效考核就会变得非常敏感，管理成本自然也会大大提升。

第8章 及时反馈,让员工尊重你、信任你

那么如何才能建立起相互之间的尊重和信任呢?那就是通过正面反馈,培养员工的自尊心,达到让其自律的目的。这样一来,员工便会自发向着考核标准努力,而不会占用管理者过多的时间和精力。前文曾经谈到"知识的诅咒",是一个反面例子。在团队管理中,员工做对了可老板没有给出相应的反馈,老板认为大家心知肚明,不需要说什么。可事实上员工并不明白老板心里的想法,这样就会让员工怀疑自己是不是做得不好,对自己的行为产生较低的评价,之后的工作就容易畏首畏尾。

自律性与自尊心是正相关的关系。一个人的自尊心越强,他的自律水平就越高。如果一个员工总是被管理者发现自己的错误,那么自尊心就会受到强烈的打击。他可能会产生习惯性的自我否定,继而产生非常严重的逆反心理,不会按照管理者的要求做事。这种打击自尊心的行为,最后的结果反而会与绩效考核的目标背道而驰。

为什么我们总是先看到别人的缺点呢?这其实涉及人的本能。作为优秀的企业管理者,我们必须尽力压制这种本能,变得善于发现员工身上闪光的地方,表扬并强化它。员工会在不断的积极反馈中,明确自己的工作方向,更有勇气和力量承担绩效考核的结果,也就意味着,管理工作取得了可喜的成绩。

警惕"推理阶梯",避免误解和伤害

鉴于反馈对于工作进程的巨大促进作用,管理者有必要学习如何正确进行反馈。一般而言,反馈分为两类,一类叫作鼓励性反馈,即正面反馈,另一类叫作纠正调整式反馈,即负面反馈。顾名思义,鼓励性反馈是在员工做对事情时管理者给予的反馈,俗称表扬;纠正调整式反馈就是在员工做错事情时管理者给予的反馈,俗称批评。

既然如此,为何我又将其称为反馈,而不是简单称为批评和表扬呢?批评和表扬是相对主观的词汇,比如,管理者要批评一个员工,是基于管理者认为员工做的事情是错误的这样的前提。但是有可能管理者的认知本身就是错误的。在日常生活中,也有很多这样的小故事,说明人的主观经验对事情的判断是多么武断。

周星驰是我特别喜欢的电影明星,他在接受一次采访时,谈到一件关于母亲的小事,让我印象非常深刻。周星驰的父母在

第 8 章 及时反馈，让员工尊重你、信任你

他 7 岁的时候离异，母亲带着姐姐、周星驰和妹妹一起生活，每天辛苦工作，还要照顾三个孩子，日子过得非常艰难。每次大家坐在一起吃饭的时候，周星驰总是把最爱吃的鱼扔在地上，每次都被妈妈骂浪费粮食，妈妈一边骂他，一边捡起来洗干净自己吃掉。多年后回忆起来，周星驰才说出其中的原因："那时候我家里过得很苦，妈妈经常把好吃的留给我们，她自己吃得很差。我一直想让她也吃点鱼，但是我知道，如果直说，她一定不会答应，就把鱼扔在地上。这样虽然我会被骂，但是妈妈会吃到鱼。我也就会很开心。"多么聪明机敏的星仔（那时候），利用了妈妈错误的推理判断，让妈妈吃到鱼！

在日常生活中，个人的判断大部分基于自身的主观认识而非事实，这会产生许多误会。在企业的日常运转中，管理者对待员工也会犯一些主观性的错误，这就是前文提到的推理。作为管理者，一定不要轻易对员工做推理，一些错误的推理如果不能及时澄清，就会激起员工的反感，影响团队的整体氛围。

推理能力是人天生的能力，但并非每次推理的结果都是正确的。我们不能不经过了解，就为某一个结果定性，我们能说的只是我们的想法，只有通过详细了解我们才能确定到底是要批评还是表扬。在现实生活中，推理导致误解和伤害的例子随处可见，我就曾是受害者。

我第一次出门旅游是在初中的一个暑假。爸妈带着我从西安出发，到武汉、苏州、杭州、上海等六个城市转了一圈，玩得很开心。为此，我还写了一篇作文，题目叫作"苏州的园林"。

当着全班同学的面，语文老师拿起我的作文说："樊登这篇作文写得不错，可惜是抄的。"然后直接将作文本丢给我。

我非常生气，反驳道："这篇作文不是抄的，是我自己写的。"

老师反问："你怎么可能一个暑假去六个城市？"。

我觉得莫名其妙，他去不了难道别人也都去不了吗？于是，我站了起来，大声说："我真的去过，不信我回家拿票根给你看。"

见我着急了，老师息事宁人："好吧，就算是你写的吧。"

这件事已经过去 30 年了，但我依然耿耿于怀，那种被别人错误推理的委屈恐怕今生都不会忘却。

推理的情况在团队管理中比比皆是。很多情况下，我们推理别人的"结论"让自己非常生气，但是后来发现事实并非如此。不幸的是，这种"结论"往往会对团队造成严重的伤害。大量团队矛盾的根源，都在于我们习惯用自我推理而非沟通来解决问题。一般而言，推理有以下三个步骤，我称之为"推理阶梯"（如图 8–1 所示）。

收集数据 ▶▶▶ 选择性接收数据 ▶▶▶ 赋予意义，得出结论，采取行动

图 8-1　推理阶梯的全过程

1. 收集数据

每个人每天都会接收来自各界的大量信息，这些是产生推理的基础。

2. 选择性接收数据

尽管我们不愿意承认，但"选择性接收"才是大脑处理信息的固有方式。有句老话："顺眼的人越看越顺眼，讨厌的人越看越讨厌。"说的就是这个道理，没人能够避免。

2002 年诺贝尔经济学奖获得者丹尼尔·卡尼曼写过一本影响力很大的书《思考，快与慢》。书中的主要观点是：我们根本不是理性的人，很多决定都是在稀里糊涂的状态下做出的感性决定，崇尚理性思维的博弈论很少在实际生活中得到应用。

关于数据的选择性接收，有这样一个经典案例。

有位教授在课堂上放了一段录像，录像里的人正在投掷篮球，教授就让学生数进球的数量，数对了才算过关。学生们带着

问题开始观看录像,看完之后,教授并没有询问确切的进球数,转而问学生是否在录像中看到了一只黑猩猩。学生们万分诧异,纷纷摇头。

这时,教授开始回放录像,一个穿着黑猩猩衣服的人出现在镜头中,跳了几下后离开了镜头。由于学生的关注点主要集中在进球数上,所以自动过滤了这个相当惹眼的"黑猩猩"。这种过滤,其实就是我们要说的主题——数据的选择性接收。

懂得了这一原理,就会明白每个人的信息接收都是不完整的,我们很难客观全面地看待一个问题。

3.赋予意义,得出结论,采取行动

我们选择性地接收数据之后,自然而然地就会想要赋予这些数据意义,从而做出种种假设并得出相应的结论,然后采取行动,这就是大脑中"推理阶梯"的整个过程。了解推理阶梯对我们的日常管理有什么作用呢?

我们做决定之前,一定要问一下自己:这有没有可能只是一个推理,实际情况并非如此。这个问题对于管理者非常重要,因为人与人之间的沟通是非常复杂的过程。别人的一个眼神、一个动作,就有可能让我们在大脑中产生不客观的推理。

比如说,一个熟人迎面走来,没有打招呼,我们就会生气,

感觉这个人没有礼貌,或者这个人不喜欢我。但实际情况有可能是他没有戴隐形眼镜、昨晚没睡好、加班了、走神了等各种情况。我们不要因为自己的好恶对别人进行推理,然后自己生气。

学完推理阶梯,对管理者最重要的作用就是要认识到每个人看待事情的角度不同,所处的情境和情绪不同,都容易在认知上出现偏差。

我在华章教育工作时,曾经历过一次优秀销售员的离职事件,事件的起因就是推理导致的误会。

这名销售员的业绩一直以来都非常突出,而且特别受学员欢迎。突然有一天,副校长跟我说:"我们要开除这个销售员。"

我十分不解,如此优秀的销售人才十分难得,每年为公司创造的利润也可观,为什么突然直接要开除他?我赶忙问副校长原因。

他说:"这个人道德上有问题。有一个学员要求退费,是他经手办理的,但这个学员现在还在我们这儿上课。你看,他一边从总部退费,一边又让学生来上课,钱全进了自己的口袋。他在公司工作了很长时间,如此算来,公司的钱他一定贪了不少,我一定要开除他。"

我一听,就明白副校长是陷入了推理阶梯,这些情况都是他自己构想出来的,并不一定是事实。于是,我对他说:"先别做决定，万一有什么误会呢？"

副校长不屑地笑了："我已经亲口问过这名销售员了，他说已经退费了，但是学员说没有退费，还要继续上课。"

副校长言之凿凿，可我依然觉得很奇怪，这个销售员可是老员工了，贪污的机会很多，为什么现在才被发现？我将自己的疑问告诉了副校长。

副校长压低了声音，颇有几分神秘地对我说："听说他最近家里买房，手头缺钱。"

我依然不太相信，索性进行了一番深入调查，结果令人啼笑皆非：销售员记错了退费学员的名字，为另一名学员办理了退费手续。

事情澄清了，但是由于受到严重的怀疑，该名销售员不久后还是辞职了。这次推理产生的误会让公司损失了一个优秀的销售人才，直接造成了严重的经济损失。

管理者在批评员工之前，一定要问自己："此事是否可能只是我的推理，实际情况并非如此？"这个问题对于管理者而言十分重要，"智者疑邻"的故事大家都听过，实际工作中，由于管理者心中对于某件事已经有了定论，在沟通时便不会给员工反驳申诉的机会。在这种前提下交流，谈话气氛势必较为沉闷。员工会认为既然管理者已经有了结论，再争辩也没有意义，不如将情绪藏在心底。带着情绪去工作的员工,出错的可能性会大大增加,以致陷入恶性循环。

如果将批评改称为反馈,就意味着在谈话之前,管理者不会对员工的所作所为做出任何主观结论,只是陈述自己看到的现象以及对这种现象的担忧。这样一来,员工就握有一部分自主权。从命令式变成协商式,不仅是谈话内容的变化,也会对员工的心理造成微妙的影响。经过这样的谈话,管理者与员工都进一步了解到对方的想法,管理者可以更加放心地让员工去自我发挥,员工也更能明白管理者的要求,他得到了相应的尊重,主观能动性自然会大大提升。

通过正面反馈，引爆你的团队

反馈分为正面反馈和负面反馈两种，其中对员工的工作进行正面反馈，即我们俗称的表扬。有些人认为，与负面反馈相比，正面反馈看上去仅仅是一个锦上添花的过程，对于员工的工作没有实际的作用。然而，事实并非如此。

现在的员工，对于工作环境的重视甚至超越了对于薪资的重视。管理者留住员工的一个重要手段，就是塑造有吸引力的工作氛围，千方百计保持和强化员工的工作热情。在日常工作中找到员工的闪光点，做出积极有力的正面反馈，是营造团队和谐氛围的不二法门。

在员工业绩突出时，管理者的正面反馈通常可以分为三个层次（如图8-2所示）。

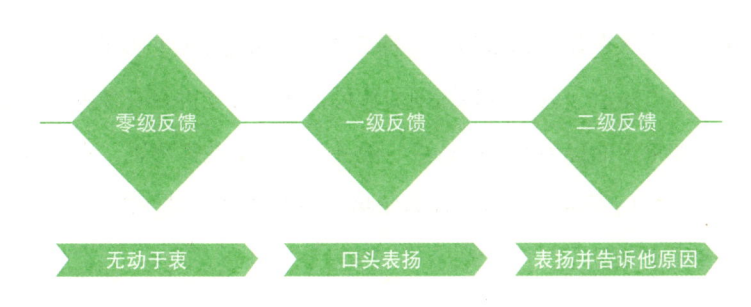

第8章 及时反馈，让员工尊重你、信任你

```
零级反馈 —— 一级反馈 —— 二级反馈
无动于衷     口头表扬     表扬并告诉他原因
```

图 8-2 正面反馈的三个层次

1. 零级反馈：无动于衷

在一般企业中，管理者最常见的正面反馈是微微一笑，说声"还不错"便扭头而去，或者干脆默不作声。这种反应就会给员工一种模棱两可的感觉，让其怀疑自己是否真的做对了。如果员工将自我怀疑的心理带到日后的工作中，很有可能带来这样的结果：曾经做对的地方又出现了错误。究其原因，就是在他做对的时候没有得到来自管理者的正面积极的反馈，没有及时肯定他之前的工作方式。他怀疑自己之前的工作方式是否正确，为了进一步确认才改变了原有的工作方式，导致发生错误。

这种无动于衷的反馈，我称之为"零级反馈"。之所以不是一级而是零级，是因为这是完全无效的管理方式，对员工的工作不仅不会产生任何促进作用，反而容易让其消极怠工。

无动于衷之所以可怕，最根本的原因是人的群居性。这是人类的本性，每个人在做任何事情时，都希望得到来自群体的反馈和认可，没有人可以免俗。只有得到周围的认可，他才会觉得有安全感，有归属感。如果未能得到预期的认可，就会产生浓浓的孤单感，丧失群体中本应获得的安全感，而这种紧张焦虑会使他丧失对外探索的欲望，心理变得十分脆弱。

家庭倦怠感是怎么来的？你会给你的家人一些正确的反馈吗？一般是没有的。丈夫忙碌了一天下班回家后，妻子已经做好了饭菜等着丈夫。此时，如果丈夫没有给妻子积极的反馈，比如对她说"老婆你做的饭真好吃，你辛苦了"之类，而是直接打开电视，一边看一边吃，在吃完饭后也是一言不发或者寥寥应付几句，结果可想而知。丈夫每月将工资交给妻子的时候，妻子也不会做出积极的反馈，比如对丈夫说"老公辛苦了，你为这个家付出了很多，我很爱你"之类。

以上描述的情况，是我们最常见到的家庭生活状态。在这种状态中，双方都把对方的付出当作理所应当，认为就算不说对方也会懂得，但其实并不是如此。直观地说出来的言语力量是绝不能忽视的。如果有一天，赶上一方情绪不好，这种家庭倦怠感就会成为导火索，将麻木相处升级为争吵，给家庭生活的幸福埋下隐患。

同样的道理，如果员工未能及时获得应有的反馈和认可，便会陷入深深的自我怀疑，感觉自己做任何事情都没有意义，自然无法像从前那样在工作中全情投入。此外，员工做的事情中有大量重复性劳动，这本身就容易产生倦怠感。如果管理者对此还无动于衷，漠不关心，无疑会加重这种职业倦怠感，这对于需要全情投入工作的团队而言，会产生巨大的伤害。

俗话说：女为悦己者容，士为知己者死。有功不赏历来是管理中的大忌。在现代商业社会中，机会和平台比过去"铁饭碗"时代多太多，"此地不留爷，自有留爷处"，当员工从你的功臣成为其他团队的抢手货时，后悔已于事无补。

2. 一级反馈：给予赞扬

与零级反馈相比，公开的、正面的口头表扬会让员工明确以后的工作方向，深刻认识到工作的意义。

因此，管理者如果很开心地对员工说"你做得很不错"，就会让员工感到被团队认可。如果是新员工，他将会更快地融入团队，与其他成员共同进步。我曾听很多管理者反映，仅仅口头表扬有点儿"务虚"，给员工发奖金才算是真正有效的反馈，因为金钱更实际一些。

在这里，我要提醒大家：不要将员工每一个正确的行为都跟钱挂钩。全部和金钱挂钩这种行为在某些时候可能会起到完全相反的效果。说到这里,我向大家推荐哈佛大学教授迈克尔·桑德尔的著作《金钱不能买什么》。

这本书的学术性很强,蕴含的意义也非常深刻,我很喜欢。桑德尔教授在书中详细解读了金钱的两个重要弱点,对人们使用金钱时的心理做了非常详细的描述。

(1)衰减

金钱如果不能持续增加,人们对它的兴趣就会迅速降低。人们总是希望钱越挣越多,一旦不能增加,就会感到失望。

> 比如某团队在创立之初将年终奖定为一万元,员工觉得待遇优厚,普遍非常兴奋。但是,该团队一连几年都发一万元年终奖,员工不但不会兴奋,反倒觉得钱变少了。

(2)腐蚀

金钱会让很多事情丧失其原本的意义。一件有意义的事一旦跟金钱挂钩,就有了"铜臭味",并让一部分追求精神层面意义的人自动远离。这就是有可能在给员工发钱之后,他反而不愿意继续做原来工作的原因。因为金钱,使这件事丧失了它本身的意义。

> 比如在团队中,一定有员工加班不是为了加班费,他只是发自内心地想要把工作做好。见到这样的员工,管理者自然满怀欣慰,如果此时给员工发加班费,反而会让原本雄心勃勃的员工瞬

第 8 章 及时反馈，让员工尊重你、信任你

间泄气——"我加班难道就是为了这点钱吗？你未免也太小看我了吧。"

虽然我们生活在一个"没有钱寸步难行"的社会，但在很多人的深层次心理中，并不喜欢只为钱工作。正如一代伟人毛泽东所说：人是要有点精神的。那些优秀企业，崛起的根源是其伟大的愿景。这些愿景激发了人们内心深层次的心理需求，使各成员迸发出强烈的奉献精神，从而做出令人瞩目的成绩。

这些优秀的企业给予我们启发，让我们更加深入地思考有些员工自愿坐在办公室加班的原因。企业氛围一定是其中一个重要的因素，企业文化让员工感觉自己身上背负着强烈的使命感，一种内在的精神动力驱使他这样做。在这方面，华为为我们做出了很好的榜样。

华为用短短 30 年时间成长为中国顶级的科技公司，连续多年位列世界 500 强。在这份漂亮的成绩单背后，是华为员工多年奋斗的结果，也是华为管理者智慧的成果。

《华为基本法》是华为管理智慧的总结，在"价值分配"一项有这样的内容：华为实行员工持股制度，主张在顾客、员工与合作者之间结成利益共同体。基于这样的出发点，华为员工将企业的发展与个人的工作成果紧密结合起来。为了公司能有更好的发展，他们愿意更加努力地工作，早日做出成绩。这种动力来自员工内在的力量，无须驱使，效率奇高。

一个只盯着钱的公司不会基业长青，同样，一个只盯着加班费的员工也不会有很好的职业未来。一个好的管理者，会通过一级反馈让员工感觉到工作的意义，激发他的工作热情，成就企业的未来。

3.二级反馈：表扬他并告诉他原因

管理者的终极任务是通过各种手段塑造调整员工的行为，然而有很多管理者对于应该在何时使用何种方式塑造员工行为不甚了解。实际上，塑造员工行为的最佳时机是员工做对事情的时候，即需要加强正面反馈的时候。通过下面这个心理学实验案例，或许能帮助管理者更深刻地认识这个道理。

科学家将三只小白鼠分别放入三个T型管中进行实验，目的是希望塑造出它们向右边走的行为。第一组T型管的右边是奶酪，左边是电击棒；第二组T型管的右边是奶酪，左边什么也没有；第三组T型管的右边什么也没有，左边有电击棒。第一组是典型的胡萝卜加大棒，第二组就只有胡萝卜，很显然第三组就只有大棒。这个实验的目的是什么呢？就是要了解胡萝卜加大棒的方式是否有效。

实验结果显示，第二组小白鼠率先学会往右走，第一组和第三组的小白鼠无论如何都学不会，它们待在原地不敢动，看起来并没有走出去的愿望，说明它们一点儿都不想参与到

第8章 及时反馈，让员工尊重你、信任你

这个活动中去。很多时候你会发现，本来你的员工工作得好好的，当你走到他身后时，他就傻了，甚至连电脑程序都打不开。

什么原因导致了这样的结果呢？为了找到答案，科学家在实验之后将三只小白鼠解剖。结果发现，第二组小白鼠的健康状况良好，而第一组和第三组的小白鼠都出现了"压力性胃溃疡"的症状。

胃是对压力非常敏感的器官，当人生气或者感到压力大的时候，胃就会出现问题。很多患有焦虑和抑郁症的人，胃的健康状况都不太好。第一组和第三组的小白鼠之所以没有做出正确的选择，就是因为它们承受着做错会被惩罚的巨大压力。它们宁愿停止活动也不愿意面对可能遭受惩罚的危险。

与负面反馈相比，正面反馈是塑造行为的最佳时机。大家可以看看美国人布兰佳和约翰逊合著的《一分钟经理人》一书，这本书也曾经被张瑞敏和柳传志推荐过。值得注意的是，约翰逊还写了一本影响全球的书——《谁动了我的奶酪》。

书中描述了这样一位管理者：他的上班时间基本固定，从来不需要加班，但是公司业绩却逐年递增，每隔一段时间还会再开一家新公司。作者想要探寻其中的原因，那个管理者就请他一起到公司的百叶窗前，请他帮忙盯着新来的员工。当员工做了一件

正确的事情，这位管理者就会从办公室里走出来，表扬他做的事情与公司的价值观非常吻合，这个过程耗时一分钟。

时间是管理者最大的成本，作者对这位管理者将宝贵的时间用于表扬新员工十分费解，于是问道："您这样做有什么意义呢？为什么不去做点更有意义的工作呢？"管理者说："我表扬了他，他就会知道这样做是对的，以后还会继续这样做。如此一来，我需要操心的事情就又少了一件。"

书中的管理者向我们传达了非常重要的信息：作为管理者，我们需要让员工明确知道他做什么事情会得到表扬。但是在以往的管理经历中，我们却花了大量时间让员工明白做什么会被批评。这样一来，员工就会像实验中承受巨大压力的小白鼠一样，不敢越雷池一步，或者即使迈出这一步，也难免会做错，形成一个不良循环。

熟悉我的朋友都知道，我在北京办公，而樊登读书会的团队在上海。由于分处两地，我在管理团队的过程中十分看重"二级反馈"。每当我发现某个同事做对了一件事，就会给他发条微信，告诉他这个事情做得很对，对公司有很大的帮助。我的积极反馈，无疑会带给员工巨大的成就感和责任感，让他感觉这件事是他分内的，一定要把它做好。这样一来，员工每天上班都带着十足的干劲，而我也就少了一件需要操心的事。

如果管理者总是批评员工这事做得不行，那事做得不好，员工就无法获得成就感，不知道自己以后应该坚持什么，应该放弃什么。

给员工正面反馈的另一个作用，就是为团队营造独特的价值观以及团队文化，增强团队凝聚力，即使遭遇困境，也不会让团队陷入一盘散沙的境遇。

  电视剧《亮剑》里，独立团团长李云龙手下有两个很厉害的士兵，一个叫和尚，另一个叫段鹏。李云龙是个大老粗，他对待下属最常见的方式是踹和骂，简单粗暴。然而，和尚和段鹏对待李云龙的"暴行"却甘之如饴，没有任何不满，原因何在？
  原来，李云龙曾不止一次当面向此二人表达他的欣赏之意："你们的血性是我最看重的东西。"通过积极反馈的方式，李云龙反复强调彼此间的共同价值观，先强化再固化，深深烙进二人心里。因此，每一次被"施暴"时，他们二人感受到的是一家人之间的打闹与不见外，不仅不会怀恨在心，反倒会十分感激，心里始终记着："是团长把我培养出来的，我是团长的人。"

在日常工作中，对员工的工作表现及时给予正面积极的反馈，可以营造和谐的团队氛围，让各成员感受到尊重和信任，让员工找到工作的意义。

负面反馈时,对事莫对人

与正面反馈相比,对员工进行负面反馈是管理者工作中最棘手的部分。在日常工作中,很多管理者认为员工"说不得"。为了避免引起员工的情绪反弹,管理者在对员工进行负面反馈时,通常都会采用"三明治式"反馈模式(如图 8-3 所示)。

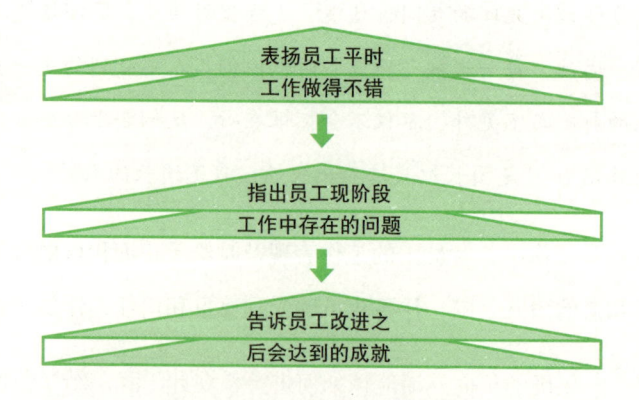

表扬员工平时工作做得不错
↓
指出员工现阶段工作中存在的问题
↓
告诉员工改进之后会达到的成就

图 8-3 "三明治式"反馈模式

第8章 及时反馈，让员工尊重你、信任你

第一层，表扬员工平时工作做得不错。

第二层，指出员工在现阶段工作中存在的问题。

第三层，告诉员工改进之后会达到的成就。

这种沟通方式的缺陷在于，员工会有选择地接受那些表扬性的词汇，而将真正需要反思的问题抛诸脑后。更有甚者，由于管理者批评的语言婉转晦涩，员工甚至都不知道这是负面反馈。

虽然不讨喜，但是负面反馈是管理者日常工作中不可或缺的内容。通过负面反馈，我们能够让员工清楚认识到自己在工作中存在的问题，帮助他们改正，以便完成团队目标。负面反馈不可怕，避免员工情绪反弹的重点不在于我们反馈的内容，而在于反馈的方式。管理者应该尽量避免使用带有明显主观色彩的词汇，比如，避免使用类似"你总是""你从不"的字眼。要知道，无论何种事实，一旦带上了这类词汇，都会变成管理者的主观感受，从而引起员工的情绪反弹。

比如，妻子对丈夫说："你从来都不关心我。"这种陈述明显不符合事实，起码在结婚之前，丈夫是关心妻子的，否则二人也不会走到一起组建家庭。只要关心过一次，就不能说从来都不关心。言者无心，听者有意，一旦出现这类词汇，就会导致听到的人非常生气。

那么，正确的负面反馈应该如何进行？在此，我总结了负面反馈的四大流程，供大家参考（如图 8-4 所示）。

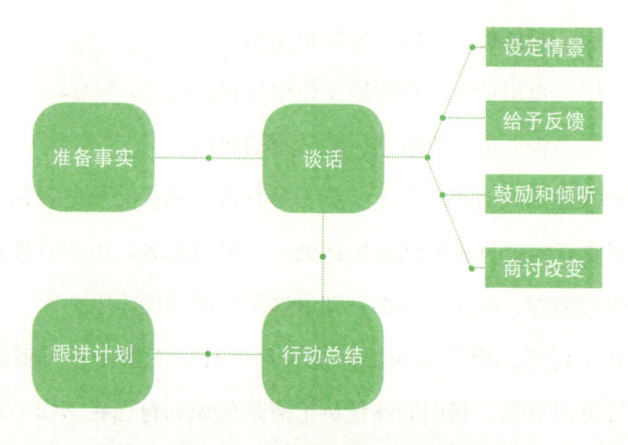

图 8–4 负面反馈的四大流程

1. 准备事实

有句话叫"事实胜于雄辩"。相比臆测,人们总是更容易接受事实。负面反馈的第一个步骤就是准备事实,同时也要准备与员工谈话的情绪以及对谈话后果的心理预期。

2. 谈话

有了事实,就可以开始谈话了。在谈话过程中,有几个细节需要管理者注意。

(1) 设定情景

管理者肯定对这种情况不陌生:员工被你叫去谈话,但是长谈之后,员工依然不知道你想表达什么意思、谈话的主题是什么。设定情景就是希望员工在第一时间内明白此次谈话的主题，避免谈话的效率低下。比如，"我今天找你来是要了解一下这个月的销售情况""让我们谈一下近期工作量的问题""我想和你聊一下客户满意度的问题"，等等。如果是一次没有设定情景的谈话，那就会带给谈话者非常糟糕的沟通体验，让我们举例说明。

"你们可以根据用途将这些材料分成两类，一类是机械式，另一类是人工式。你们可以在材料中加入化学试剂，也可以不添加。在让它们回复原状时，你们可以选择物理方法，也可以选择化学方法。"

以上就是一次缺乏情景设定的谈话，我感觉几乎没有人能看得懂。如果前面加上一个情景设定——我们来谈一下洗衣服的方法，那么我们基本可以理解上文中的意思。可见缺少了明确的情景设定，恐怕谁都无法明白这一连串谈话的意义，设定情景对于谈话的重要性由此可见一斑。

（2）给予反馈

给予反馈的过程有很强的个人色彩，每个管理者都有自己的谈话风格，有金刚怒目，也有和风细雨。风格无所谓对错，但内容有其标准。在这里，我向各位管理者推荐一个给予反馈的标准化工具BIC。

BIC是英文"Behavior Impact Consequence"的缩写，意指事实影响后果。这一工具在IBM等跨国企业中被普遍使用，是管理者向员工给予反馈的标准模式。通俗而言,就是将一件事的事实、产生的影响以及可能造成的后果一次性说给员工听,中间不停顿。我以某员工迟到为例,让大家对这个概念有更加清晰的了解。

事件:小王连续多次开会迟到,作为管理者,为这件事找到员工谈话。谈话内容可以分为以下三部分。

第一部分:B(事实)

事实是指那些已经发生的行为,比如这周内小王每次会议迟到的时长、出席会议的人员名单等。事实真实存在,很容易被验证,因此在管理者说出事实时,人们一般不会产生抵触情绪。

因为小王的迟到次数较多,许多管理者开篇第一句话往往是:"小王你经常迟到。"注意,这句话不是"事实",只是管理者根据事实总结出来的观点,不能用于给予反馈,否则会引起小王的抵触情绪。在事实部分里,管理者需要区分事实和观点,只讲事实,不提观点。

第二部分:I(影响)

影响是指已发生的事实对周围的人和事产生的作用。比如,小王在会议开始后进入会场,会议主持人和其他与会人员的思路会被打断,这是对他人的影响。小王在迟到之后也会错过会议的很多内容,这是对其自身的影响。

第三部分：C（后果）

后果是指在影响的基础上，强调长期持续会引发的负面效果。如果与会者的思路总是被打断，管理者和其他同事对小王的印象会变差：开会总是迟到，不尊重他人，可能会在工作中落后，等等。这些后果事关小王的切身利益，理应引起小王的重视。

管理者在给予员工反馈时将BIC一鼓作气说完，可以让员工比较客观地看到自身行为产生的负面效果，进而产生改进的愿望。日常管理中，一些管理者在谈话中习惯说一句话就问员工："是不是这样？"这就给了员工反驳的时机和理由。此时询问，暗示意味和针对性较强，容易激化矛盾。

相比之下，一鼓作气将BIC都说出来，员工就会明白，管理者并不是在针对他个人，而是想要对工作负责。在工作优先的前提下，员工更愿意心平气和地与管理者讨论问题。

（3）鼓励和倾听

假如员工由于无法完成任务，在谈话中表现得情绪较为激烈，我们应该按照上文中讲过的倾听原则，先安抚员工的情绪，等情绪稳定之后再进行对话。

对于这样的员工，管理者与之对话的内容应当倾向于鼓励，可以使用表扬等积极反馈手段，对他以往工作表示认可，再展望改进之后的工作。这样做，员工会感觉得到了理解，无形中拉近了彼此的关系。

为什么这时候不适宜跟他谈工作中的问题，反倒要多一些鼓励和表扬呢？原因显而易见，在员工情绪激动时与他谈责任和问题，他"听不进去"。

人在自信时才会勇于承担属于自己的责任，不自信时，就会觉得周围的人都在针对他，从而不愿意承认自己的过失，拒绝承担相关责任。因此，在员工出现情绪问题的时候，管理者需要将更多的精力放在鼓励和倾听上，有时"曲线救国"才是正理。

（4）商讨改变

在这一环节，应该让员工更多地发表意见。唯有如此，在以后的工作中，他才会有意愿去执行自己承诺的改变。此外，一个优秀的管理者在结束谈话之后，会把谈话的成就感归功于员工，而非自己。

比如，当员工提出一个可操作性较强的解决方案时，优秀的管理者会说："这个主意真棒，能帮公司解决很多问题。"而一个自作聪明的管理者说出的话是："之前我就告诉你这样去做，你不听，现在总算想明白了。"无疑，后者会让员工的成就感灰飞烟灭，工作热情也会受到很大影响。

一般的负面反馈在这个环节就可以结束，如果涉及团队整体利益，还需在此基础上增加两个步骤。

3. 行动总结

所谓行动，是指实现目标的具体步骤。

比如，员工跟管理者说："我要在年底前将销售业绩提升20%。"这句话点明了员工的目标。为了实现这一目标，员工还需总结出具体的步骤："我的第一步行动是每天拜访10个客户，争取团单，与此同时，我的第二个行动是每天下班后在办公室练习话术。"

只有把目标落实到具体行动上，目标才有实现的可能，负面反馈也是如此。只有将反馈结论落实在具体行动上，谈话内容才能落地，而不是仅仅停留在口头上。反馈是为了塑造员工行为，管理者需要总结以往的行动经验，为新计划的推出做好铺垫。

4. 跟进计划

一次优质的反馈，有较大可能产出全新的行动方案。负面反馈的最后一步就是跟进全新行动方案。我们需要经常跟员工交流沟通，监督方案的实施过程，就目前的工作给出合理的意见。

在反馈的两种类型中，正面反馈更适合塑造和调整员工的工作行为，负面反馈也是团队管理中不可或缺的部分。据统计，在团队的日常管理工作中，正面反馈与负面反馈的最佳比例是4∶1。在这种情况下，团队的整体氛围会特别和谐。相反，在气氛较差的团队中，这个比例是1∶6。这个比例需要管理者灵活掌握，切不可走极端。

这提示我们在及时反馈的问题上，多一些正面反馈，少一些负面反馈，纠正工作中总想挑剔员工工作表现的固有习惯，让团队气氛更加和谐。

作为管理者，经常要思考的问题是：如何打造一支有战斗力的团队，吸引新人，留住老人？前文中我们反复提到与员工建立尊重和信任的关系，方式包括认真倾听、及时反馈、保持适当强度的互动，这有利于管理者和员工保持相对亲密的伙伴关系，打造员工的情感账户，通过持续正面反馈，不时存入"资金"。只有这样，当不得不进行负面反馈的时候才不会对员工造成消极影响。尊重和信任的建立是相对漫长的过程，这也是一个好的团队中正面反馈的比例较高的原因。

如果只是其乐融融，团队也是非常危险的。团队更应该像一支球队，为了共同的目标努力奋斗。这就需要管理者在团队中营造自尊自强的氛围。这就是负面反馈存在的理由。

企业正常运营需要规章制度，也需要管理者运用手段，不断强化这些制度的存在感。但是一个优秀的管理者更加倾向于培养员工的自主性、自觉性、自律性。

那么自律从哪里来？我们先来看一个案例。

第8章 及时反馈,让员工尊重你、信任你

在家庭中,孩子通常都比较调皮,总是闯祸。有些父母对孩子管束十分严格,每一件事都要按照家长的意见来,孩子没有任何决策的权利,就像一只提线木偶一直被操纵。长期下来,孩子会感觉他的任何决策都会被否定,都没有意义。这种无助感会激发孩子叛逆的内心,一旦爆发,家长就会头疼不已,但是这其实是家长长期剥夺孩子自由选择权的必然结果。

另一些父母总是夸孩子,夸他们好,他们的孩子真的就表现得比较出色。其中的原因就是父母给了孩子足够的自尊。自尊就是孩子自己认为自己是个好孩子。只有感觉自己是个好孩子,才会像好孩子那样行动。

自尊从哪里来呢?自尊就是从一次次被肯定的经历中获得的。作为企业管理者,我们需要不断给员工获得自尊的机会。相反,如果控制不住挑剔的心,总是提醒员工工作中出现的错误,那么员工的自尊心就会受到强烈打击,对自己产生怀疑,放低对自己的评价,在工作中产生畏难情绪也就不足为奇了。

在大量工作中优先看到别人的缺点,是很多管理者的通病。这是我们的本能。优秀的企业管理者,必须尽力压制这种本能,善于发现员工身上闪光的地方,表扬和强化它,员工会在不断的积极反馈中,明确自己的工作方向,更有勇气和力量承担责任。如果每个员工都可以独当一面,承担属于自己的责任,也就意味着,管理工作取得了非

常不错的成绩。

管理没有绝对的对和错，只有对自己的团队而言是否适合。但是我们确实有必要学习使用一系列工具，帮助我们最大程度接近正确的东西。

上文中我们学习了关于团队建设的很多内容，希望大家调整心态，将工作视为一次次刻意训练，不要对自己有太多苛责。如果压力过大，就不能随心探索，真正发现适合团队建设的途径。

团队建设是一个循序渐进的过程。在团队谈话中，我们很难同时用到学习过的诸多工具，比如SMART、BIC等，但是只要我们已经开始在工作中用到这些工具，比如开始扩大自己的公开象限、注意倾听等，就应该得到赞美。只有不断给予正面反馈，才能更快掌握管理技巧，以后才会越做越好。

人们通常认为给予负面反馈就是"得罪人"。如果用管理者主观思维去评判员工的工作成果，当然会出现一些这样的负面结果。但是只要谈话中始终保持理性客观的态度，像一面镜子一样反映出员工真实的工作状态，始终将重点放在工作探讨上，即使是负面反馈，也会赢得员工的尊重和信任。

第 9 章

有效利用时间，拒绝无效努力

管理者只有科学地安排好事务的处理顺序，才能使工作效率的提高成为可能。涉及团队协作时，管理者要有激发成员的热情和创意的能力，以提高整体决策的效率和质量。

把时间用在关键要务上

我在培训时有个规矩：所有学员和现场工作人员的手机必须调成静音或者关机，这是对所有人的尊重，并且也能保证培训的效果。对此，有的学员哀声连连："樊老师，下面的人找不到我不行啊！""我不能关机，事情太多了。""不好意思，我得出去接个电话。"诸如此类，不胜枚举。

我相信每一个团队管理者都是真的忙，但却非常不认同他们这种"忙"。作为管理者，很多事情需要通过别人完成。我想很多人对这一点虽然有认识，但还是做不到，有"火情"冒头，自己一马当先就冲上去了。这里面其实有很多问题。

我们经常看到，有些公司成立时间很长，辛辛苦苦运营了几十年，还是最初的模样，还是最初的商业模式。员工很勤奋，老板更卖力，为什么没有发展得轰轰烈烈？其中一个关键因素就是团队管理。

简单来讲，就是因为"忙"。忙会让人疲于应对眼前的各种"火情"，团队缺乏全局意识，或者即便有这样的意识，也没有时间，最终错失了很多机会。作为团队管理者，我们需要跳出这种"瞎忙"的怪圈，我们的时间要用在全局规划、解决根本问题上，"好钢要用在刀刃上"。管理者要做的是通过培养员工去解决具体问题，将自己从"瞎忙"中拯救出来。这样才能站在更高的地方，发现更好的机遇，指挥企业前进的方向。只有从具体工作中脱离出来，让员工承担他应承担的那部分责任，企业领导者才能算是真正成功了。领导者在团队中的作用归纳起来就是六个字：找准关键要务。

我们将公司比喻成一支球队，大家的一致目标就是赢得比赛。然而，在比赛的各个阶段，球队还会有阶段性的目标。比如，某阶段是防守反击，某阶段是全力进攻，某阶段是控制局面，等等。

从团队管理的角度来说，管理者的主要任务就是分清主次，找到团队当前阶段的努力方向：哪些事情是与公司发展前景密切相关的关键事件，应该受到足够的重视；哪些事情看似重要，但在人手有限的情况下，可以缓缓再做。只有这样，整个团队才会抓住最好的机会不断获得进步；否则，虽然每个成员看起来十分忙碌，似乎都很努力，都有做不完的事情，但整个团队却一直在原地踏步，发展缓慢。

作为对团队和全体成员未来负责的管理者，在纷繁复杂的众多任务中，一定要知道哪一件事情是当下必须全力以赴的关键要务。

第9章 有效利用时间，拒绝无效努力

在樊登读书会的发展早期，由于产品固有的缺陷，用户体验不太好。我每天都能收到来自五湖四海的用户的各种抱怨。比如，由于网络原因无法完整收听音频；贴片广告质量不好，影响体验；新产品跳票，无法如约面市……如是这般，五花八门。如果我每收到一个用户反馈就让人立刻处理，那么整个团队的所有工作就是在不断地"打补丁"，继而错过最关键的发展时期。

处于那个时间节点，发展是第一要务，而要想快速拓展会员，二维码系统是重中之重。有了它，樊登读书会才能快速地发展会员，企业日后的发展才会得到保障。在想明白这个道理后，我就跟所有团队成员说："目前最核心的工作就是用户推广的二维码系统，先把别的工作放在一边，集中精力先把二维码系统做出来。"

正因为我的这个决断，樊登读书会在那时收到了很多用户的差评，说是用户体验差，反馈的问题都没有得到及时解决。我们在推出二维码系统后，便将主攻方向放到了提升音频播放的流畅度和提高用户体验上，在全国范围内寻找最合适的代理商，不断完善产品，赢得用户口碑。

接下来的每个发展阶段，我都会不断寻找该阶段的关键要务，集中精力加以解决。现在看来，正因为对各个阶段关键要务的准确认知和迅速解决，才有了今天蒸蒸日上的樊登读书会。

《庄子·应帝王》中写道："至人之用心若镜，不将不迎，应而不藏，故能胜物而不伤。""物来则应，过去不留。"也就是高明之人，像用镜子一样用心，不在它到来之前时时担忧，不在它远去的时候勉强挽留，只关注当前的事物，这样才能克服外在的压力，获得人生自由的状态。

禅宗典籍之一的《赵州录》中也有类似的描述，称这种状态为"犹如明珠在掌，胡来胡现，汉来汉现"。在佛经中，明珠代表一个人清明澄澈的内心，真实地反映外界事物，不为外物制约和牵扯。这是团队管理的最高境界。

前面我们说了管理是要通过别人完成任务，现在我们说一下管理的工作内容。有人说，管理的工作内容太多了：制订计划，督促实施，阶段总结，等等。管理工作很多，但是总共只有两类：一类是管人，一类是理事。上面所说的制订计划等都是属于理事的范畴。我们经常忽略了管人这个部分，其实这是管理工作中最主要的内容。

比如，管理者跟员工的谈话内容是，这月的销售额完成了多少，客户拜访了几个，这叫作理事。如果管理者问的是工作中有什么困惑的地方，这就属于管人的范畴了。而在实际工作中，管理者与员工沟通的内容，更多的是理事，而不是管人。

换句话说，我们在时间分配上，将更多的时间给了理事，而管人的时间分配得很少。可能是大家感觉，管人是个慢活，不如理事来得直接、见效果。其实这是一个错觉。

在时间管理的四种类型中，管人和理事分别属于重要不紧急、重要且紧急的范畴。通常情况下，管理者最常见的做法是先做重要且紧急的事情——理事，做完之后会发现，怎么又出现了很多重要且紧急的事情？接着理事，于是一直保持着忙碌的状态，而重要不紧急的事情——管人，则根本顾不上。

这种时间分配方式会造成一种后果。在团队中，管理者业务能力是最优秀的；但是由于没有足够的时间去培养员工，员工的能力很一般。那么这对管理者来讲有什么坏处呢？

管理才能是以员工是否获得成长来评判的。很多管理者在某个岗位待了很长时间，仍然没有培养出所在部门的后备人才，这就意味着，只要离开管理者，该部门就无法正常运转。换句话说，他只能待在这里，即使老板想提拔他也没办法。

> 星巴克的人力资源规范里有一条这样的规定：一个店长要想被提拔成小区经理，需要为所在门店培养出至少两名新店长。如果没有培养出新的店长，便没有资格升任为小区经理。

我曾听说过这样一件事，某店长由于长期没有被提拔成小区经理，愤愤不平，向高层领导反映："没有培养出店长又不是我的错，店里员工素质太差，根本培养不出来。我管理水平这么高，为什么仅仅让我做个店长？"

收到他的意见后，星巴克的高层领导很快给出了答复："你确实才能出众，只要你离开门店去做小区经理，这家门店就无法正常运转，因此你的才能只适合做这家门店的店长。"

管理者最重要的任务就是要培养、带领员工成长。只有这样，你才有升迁的希望，才能应对将来更加复杂的工作，整个团队也会获得快速扩张和发展。传奇 CEO 杰克·韦尔奇曾经说过："如果你认为一件事很重要，就一定要为它分配足够多的时间。"团队管理最重要的是管人，但是我们没有为这件事情分配足够多的时间，这无疑走错了团队管理的方向。

这样看来，无论是对于团队发展还是个人发展，管理者确实有必要改变自己的工作侧重，从理事转到管人上来，这样才会避免重要且紧急的事情密集出现。统计数据表明，一般的职业经理人 80% 的时间都在处理重要且紧急的事情，而一个高效能的职业经理人 70% 的时间都在做重要不紧急的事情。是否愿意花更多的时间在管人上，也成为管理者效能高低的重要衡量标准。

这个道理并不难理解。如果企业规模较大，管理者的日程通常都会比较紧凑，一些重要场合面临的压力会对日常工作产生一些影响。

第 9 章 有效利用时间，拒绝无效努力

某位管理者打算在下午两点到五点做一件重要且不紧急的事情——跟某名员工谈心，但是突然接到领导要来视察的通知，于是便将谈心的安排往后拖，先去应付领导视察。

领导走后，这位管理者找来该员工谈话，但是由于晚上有一场重要的商业谈判，这位管理者在与员工谈心时可能就没有那么专心，效果也好不到哪里去。

试想一下，这位管理者虽然为"与员工谈心"这件重要且不紧急的事情安排了一个完整的时间段，但是在其他事情的干扰下，这段时间产生的实际效率非常低下，并不能起到应有的效果。

在上述案例中，管理者最容易忽视的谈心恰恰是最核心的工作内容。如何保证在这段时间内仍然集中精神，不被分神呢？

这就需要用到标准化的工具了。我们可以利用一些类似日程表的小工具，记录下某个时间段要去做的事。比如，晚上 7 点到 9 点要开会，下午 4 点到 6 点要准备会议资料，等等。到了这两个时间段，管理者就放下手头其他事情，专注处理好这两件事，除了两个时间段之外，不再多花时间。如此一来，便会有效提升效率。

这种办法是美国非常流行的一种高效工作方法——GTD（Getting Things Done，把事情做完）。GTD 的核心理念是必须记录下来要做的事，然后整理安排并让自己一一执行，大致分为收集、整理、组织、回顾和执行五大步骤（如图 9-1 所示）。

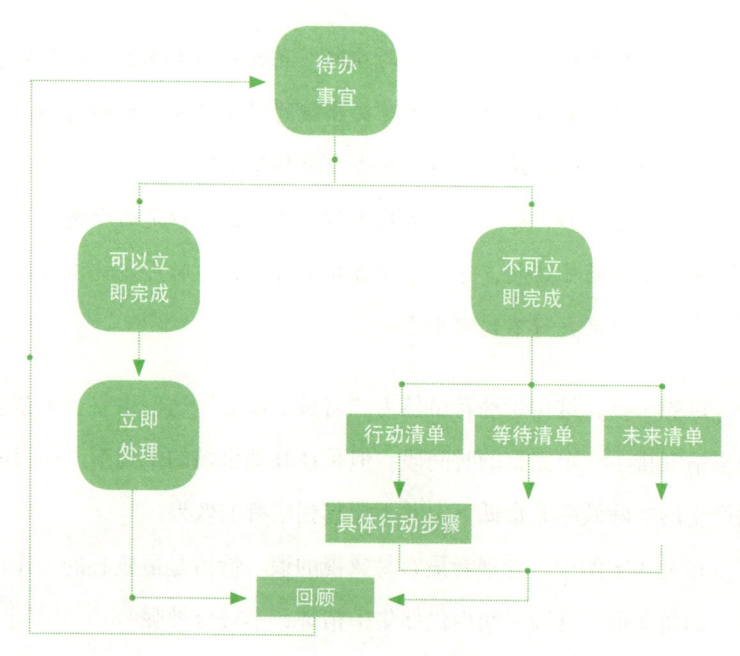

图 9–1　GTD 流程图

1. 收集

将能够想到的所有应该去做的事情罗列于"待办事宜"中。待办事宜的存在形式可以是实物性质的文件夹、资料夹和纸张等,也可以是以数字形式存在的日程表。这一步的关键在于,将所有未来可能面临的任务全部记录下来。

2. 整理

将进入"待办事宜"的事项进行分类处理,定时清空。一般来讲,类型分为"可以立即完成"与"不可立即完成"两类。对于可以立即完成的事项立即处理，清空任务。对于不能立即完成的事项则进入下一步组织环节。对于一些参考资料类的信息，可以对其进行标记后分类存放。

3. 组织

组织是GTD中最核心的规划步骤，需要管理者综合考虑各方面因素，制订出相应的计划。行动的组织可以分为行动清单、等待清单和未来清单三部分。

①行动清单，是指下一步具体的行动。如果下一步包含多个步骤，则需要细化成更为具体的工作，比如地点和时间等。这样管理者就会了解应该做的工作。

②等待清单，是指委派别人去做的工作。

③未来清单，是指延迟处理未设置具体完成时间的计划。

4. 回顾

回顾是指每周都进行清单回顾、检查和更新的步骤，确保GTD系统的正常运作，并保证下周计划正常进行。

5. 执行

按照清单开始行动。

GTD的做法实际上是通过工具来防止"瞎忙"情况的出现。由于事先安排好了每段时间的任务并设置提醒，我们不会错过任何事情，也不会因为担心没时间做一件事而影响其他事情的正常推进。正如王阳明所说"心无外物"，修炼心性到只专注于眼前的事物。东西方文化在这个问题上彼此交融，也是十分有趣的一件事。

告别气氛沉闷、效率低下的会议

美国好莱坞的电影工业十分发达,此地聚集的大量电影专业人才以及世界上最先进的设备器材,固然是其成功的基础,但是其制胜的关键因素却应该是标准化流程,而标准化流程也正是使好莱坞拍的电影基本可以达到 80 分水平的真正原因所在。那么,好莱坞电影的标准化流程是怎样的呢?

好莱坞电影在拍摄之前,首先需要有一个好的概念,比如高智商犯罪。制片人可以拿着它去找投资人,告诉投资人,我们要拍的是高智商犯罪类型片。如果投资人感兴趣,就会要求制片人将这个核心概念不断扩展为故事梗概。整个故事脉络基本清晰,就剩下其中的细节处理了。这时候开始请优秀的编辑团队对各个细节充分展开想象,最后对各个细节进行完整编排,形成剧本雏形。这是一个头脑风暴的过程,在编写电影剧情的过程中,每个人都可以有自己的想法，各抒己见。等到完整剧情基本确定之后，再从商业角度确定演员和导演等人选，最后开机拍摄。

好莱坞的电影大多都是团队集体头脑风暴的成果，其核心是故事情节。中国电影的流程则完全不同，大部分是由投资人拍脑袋决定，并且毫无章法可言，更别提标准化。

在中国的电影界，最常见的拍片动机基本是来自投资人。这些投资人出于捧红某个人的预期，千方百计地聚拢著名的演员和导演，组成"豪华阵容"，然而并不太注重其他方面，以为仅仅这样就可以拍出所谓的"大片"。当观众被名角们吸引去影院的时候，就会发现故事情节设计得十分幼稚，除了一张张明星脸，其他没有丝毫可观可取之处。这是因为在中国电影的整体设计流程中，最核心的故事情节和设计环节非常薄弱。非但如此，很多投资人偏偏总是喜欢对故事情节和设计环节指手画脚，导演和编剧的思路往往会受到诸多桎梏。这些因素导致无法形成真正有效的头脑风暴，创意和灵感更无从谈起，影片质量自然难以保证。

中美电影间最大的鸿沟，就在于故事情节设计。当好莱坞电影团队坐在一起进行头脑风暴时，大多数中国电影团队正在经历投资人"一言堂"的折磨。两相对比，高下立判。

艺术源自生活，我花费了大量笔墨对比中美电影，当然并不是想纠集一帮朋友为中国拍部叫好又叫座的电影（也不排除未来有这方面的可能），而是想告诉各位管理者和部分投资人，头脑风暴在团队管理尤其是团队会议管理中的重要性。

相信大多数管理者都会遇到会议气氛沉闷、效率低下的问题。究其根源，其实是管理者并没有注重或者充分激发团队各成员的创意思维，也没有充分鼓励他们表达自己的想法。要想解决这个问题，头脑风暴是我比较推崇的方式，也是比较有效的方式。要知道，人类思维有其自身固有的局限，很难人为克服，而头脑风暴恰能对此进行弥补。

1. 惰性

人类在找解决方案的时候，如果已经找到一种方案，相关的思维活动就会停止。这也是我们大部分会议遵循的一个流程。针对一个问题，一个人提出一个解决方案，问大家可以吗？大家都说可以。这个方案看起来还不错，并没有仔细分析透彻，就去做了。在这样决定之后，我们往往放弃了继续寻找更有效的解决方式的努力。也就是说，找到一种解决方式的代价，是扼杀了创造更好结果的其他可能性，这无疑是创意收集中令人十分遗憾的事情。

2. 局限性

受限于自身的成长经历、知识水平等因素，我们的思维有很大的局限性，对此我深有体会。

创业初期的我一度十分自负,总认为自己见多识广、经验丰富。因此,一旦做出某个决定,我都要求团队中的每个伙伴立刻执行,没有充分听取其他意见。可是当他们按照我的意图执行之后,我有时会发现效果并不好。此时,我才意识到自己也有很多考虑不周的地方,只靠我自己的想法远远不行,大家聚在一起进行头脑风暴时,更有可能全面地看待一件事,找到更好的解决方式。

既然头脑风暴如此重要,那么一个优质的头脑风暴会议应该遵守哪些原则呢?

1.对于意见不批评,不深入讨论

比如,某次会议的主题是讨论如何增强客户满意度。团队中有人提出了一个意见,另一个人开始针锋相对,探讨这个意见为什么不合适,然后这两人就开始顺着这个意见的方向走下去了。这样整个会议的方向就开始出现偏差,整个会场只能听见二人的声音,火药味越来越浓。这时,其他的与会者心里会想,在这种场合提出自己的意见要冒着被批评、被指责的风险,不如将意见埋在心里。如果反驳的人是管理者,其他人则更不敢发表不同意见,生怕被管理者当场驳斥。如此一来,自然无法收集到足够的意见和信息,也会极大地降低团队的会议效率。

试想，当提建议人的意见被人驳斥时，其他人还能有心思提出新的意见吗？尤其是当反对者是管理者时，这种团队中的集体沉默就更加明显。大家都会在心里暗暗盘算："那就让他先说，咱们附和就可以了。"

相反，如果每个人的意见都可以在一种平和的气氛中表达，并得到团队其他成员的尊重和赞许，那么其他与会者也会乐于参与其中，贡献自己的智慧和创意。

我曾受某地工商银行之邀，为其主持过一次头脑风暴，目的是提升门店的客户满意度。会议开始后，大家各抒己见，后来其中有一个人说道："不满意的客户别来。"

这个主意其实没有什么问题，但是感觉有点儿无稽之谈的意思，有些别扭。此时，行长有点儿坐不住了，朝发言者瞪眼睛。我见状赶忙说："这主意不错，我得赶紧记下来。"

当其他与会者发现这样的主意也可以被记录下来时，真正意义上的头脑风暴这才开始，大家提出了一个又一个令人惊喜的想法。会议带给全体成员很强的参与感和责任感，大家都觉得有话可说，自己的声音、自己的意见能被表达已经是一个很好的开端了，至于意见最后是否被采纳，反而显得不那么重要了。

当我收集并记录了大量有价值的意见后，便回头问刚才提出意见的那个人："你说让不满意的客户别来是什么意思？"

他回答道:"我发现很多老人家到银行就是交个煤气费和水电费,这种业务银行压根就不挣钱,所以完全可以交给隔壁银行去做。像我们这种高端银行,服务的主要人群应该是高端客户。如果领导采用了我的意见,相信银行的业务水平会得到有效的提升。"

听他说完原委,行长频频点头,并且同意了这个提议,在银行内部增设了 VIP(贵宾)窗口。

管理者在组织头脑风暴时,应以一颗宽容的心容纳一切天马行空的想法,尊重所有成员的意见。很多表面看起来会被嗤之以鼻的想法,只要留给大家足够的时间去陈述,就会发现这些意见中的价值和意义。

2. 不要急着否定

当有人在头脑风暴中提出某个具体想法时,可能会有其他人也表态说这种方法之前尝试过,但因为某种原因收效甚微,这个建议一定不可行。

这种情况相信各位管理者都曾在会议中遇到过,我的观点是:即便其他人确实尝试过该想法,结果也确实不太成功,但我非常不提倡这种当场否定的做法。当场否定其他人的意见,对会议氛围的破坏力显而易见,头脑风暴就起不到应有的作用。头脑风暴最核心的部分是让团队各成员都能从中获得参与感,以便收集更多更好的想法,任何阻碍参与感的行为都不值得提倡。

通过头脑风暴来搜集足够的意见是改善企业管理的重要途径之一，但是现实环境中，很多企业的头脑风暴会议中总是充满了打断和争吵，最后几个小时下来，收集到的意见也寥寥可数，会议效率极低。因此我们有必要对头脑风暴的流程梳理一下。

第一，要明确本次会议讨论的具体问题，问题越具体越详细越好。

第二，先不要急着发言，每个人针对这个具体问题，先构思，先想一下，把自己的想法记下来。这个记录的过程给了与会者独立思考的时间，有益于形成真正独特的思考。

第三，各自陈述。将自己的观点陈述出来，其他人只能表示肯定，否定意见暂时保留。在别人陈述的过程中，其他人有时间继续完善自己的方案。这样呈现出的解决方案数量最多。

这样才算是一次成功的头脑风暴。而管理者需要做的，便是维护好会场秩序，让每个与会者都有参与的机会。

需要注意的是，进行头脑风暴的人数不宜太多，一般不超过15个人。此外，最好请一个局外人参与进来，这样往往会给团队带来更加新鲜的视角和方案。

如何正确又高效地做决策

搜集到足够多的解决方案是头脑风暴的第一步，接下来就到了会议的决策环节。这也是传统会议流程中最容易出现矛盾的环节。

在这个环节，团队成员通常分为两类：一类人同意，另一类人反对。这两类人都没有绝对的对与错，他们都是团队中不可忽视的人才，意见都有其价值。如果非得说二者的区别，那便是持同意意见的人比较乐观，持反对意见的人比较谨慎。

虽然这两类人并没有对或错，但是如果任由双方一直争执下去，团队工作就无法正常进行。管理者需要在决策环节使用相应的工具来获得最后的结果，这个工具就是"六顶思考帽"。

英国创新思维大师爱德华·德博诺博士写过一本名为《六顶思考帽》的书。在书中，他将人的思维分成六种角度，每一种角度用一种颜色的帽子来表示。

1. 白色思考帽

白色是中立而客观的。戴上白色思考帽，需要将精力集中于客观的数据和事实。当与会成员都戴上白色思考帽时，大家需要冷静地分析实际情况，正确评估事情的可行性。大家只说事实的时候，是用不着吵架的，这样数据收集的部分很快就会完成。

比如，某个项目是在2015年由5个程序员历时3个月设计完成的，项目的预算是200万元，2016年全年的销售额是2000万元，等等。

2. 绿色思考帽

绿色代表茵茵芳草，象征勃勃生机。绿色思考帽寓意创造力和想象力。它具有创造性思考、头脑风暴、求异思维等功能。

当与会成员都戴上绿色思考帽时，需要用跳跃性的创意思维进行思考，为可能的风险因子和困难情况想出一些新的点子。

3. 黄色思考帽

黄色代表价值与肯定。黄色思考帽需要人们从正面考虑问题，表达乐观的、满怀希望的、建设性的观点。

当与会成员都戴上黄色思考帽时，应该用乐观积极性思维方式，说出项目的好处。管理者一定要让每个参与的成员都说出这件事的好处，特别是持反对意见的人。这种做法，有助于管理者广泛搜集关于事件好处的信息。

这样做还有一个好处。万一事情被批准可以施行了，原本不看好项目的人也会觉得自己跟大家一样，看到了这个项目的好处。因为即使强烈反对，他也在赞成者的角度参与过。这种参与感是很有价值的。

4.黑色思考帽

黑色思考帽要求人们运用否定、怀疑、质疑的看法，合乎逻辑地进行批判，尽情发表负面意见，找出逻辑上的错误。

当与会成员都戴上黑色思考帽时，则应考虑在项目的各个细节中可能存在的风险因素，以及可能会遭遇的损失。

5.红色思考帽

红色是情感的色彩。红色思考帽意味着人们可以表现自己的情绪，还可以表达直觉、感受、预感等。

当与会成员都戴上红色思考帽时，需要说出自己的直觉判断——这件事是否可行，不必阐述原因。

6.蓝色思考帽

蓝色思考帽负责控制和调节思维过程。它负责控制各种思考帽的使用顺序，规划和管理整个思考过程，并负责做出相应结论。换句话说，在会议管理中，蓝色思考帽代表着指挥官和管理者，所有成员都必须听从他的指挥。

按说，戴黄帽和黑帽的人在往常的会议流程中是吵得最凶的，因为他们一个乐观，一个悲观。但是在六项思考帽的决策过程中，他们成为一个战壕里的战友，会一起看到这个项目的优势，一起看到这个项目的缺陷，并一起努力为这个项目的顺利完成想办法。这样不仅避免了争吵，也提升了团队凝聚力。

以上六项思考帽循环往复，团队就可以对这个项目将要带来的收获、利益以及所面临的风险和困难有足够的认识，也会为这些困难想出很多有创意的办法，这是一种非常有效的决策方式（如图9-2所示）。

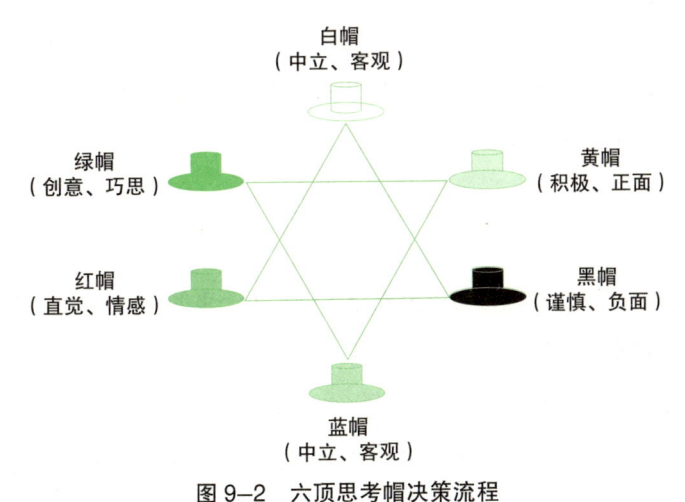

图 9-2　六项思考帽决策流程

团队会议时，大多数决策都可以通过"六顶思维帽"得出。采用这种方式可以有效缩短决策的时间、提高决策效率。海尔自从采用这种方式之后，会议时间比原来缩短了2/3。那么这种思维方式对于会议质量有何影响呢？具体表现在以下四个方面。

1. 达成共识

与会成员充分考虑了所有的问题，最终获得的决策是大家都认可的结果。

2. 决策质量高

与会成员共同参与决策，有效地避免了思维盲区和惰性的影响。

3. 会议气氛融洽

与会成员按照帽子顺序做出相应选择，只有互相体会，没有针锋相对，对于团队建设十分有利。

4. 执行有效

由于这种过程让与会成员充分认识到了决策的方方面面，员工的执行意愿非常强烈。

此外，一些复杂的大型项目往往涉及方方面面各种问题，讨论起来很不容易。甚至有一些方案，讨论完毕之后会发现还有新的问题没

第9章 有效利用时间，拒绝无效努力

有解决，这就需要管理者针对具体问题再一次组织讨论，以便得出最终的决策方案。

有一次我给EMBA班上课，课上认识了一个合伙开高端牛肉拉面馆的项目团队。几个合伙人想出了一个营销创意：在一个月内，每天送出100份牛肉面给那些吃不起面的人。这种方案为拉面馆增添了慈善的噱头，通过微信转发、媒体报道，很快就会吸引很多顾客。于是，团队成员开会讨论这个营销活动如何举办，并咨询我的意见。但是让我诧异的是，还没等我给出具体意见，他们的团队内部讨论会就结束了，结论是：大家一致通过，可以行动了。

我对这个团队的会议效率如此之高极其震惊，于是向他们了解具体的情况。想出这个点子的人告诉我，他愿意承担这次慈善活动的所有成本，其他成员认为既然有了启动资金，营销方案大家也一致同意了，别的方面不会存在太大问题，就一致通过了。

在向这位愿意掏钱的仁兄深表敬意的同时，我告诉这个团队的所有成员，他们关于这个决策的流程存在一些问题。

大家有没有看出来，这样的决策流程存在什么问题呢？

在很多人看来，所谓好的决策流程就是所有与会者最后一致同意。但我不这么认为。在我看来，这其实是典型的"自嗨"和"自欺"行为，存在严重的流程缺陷。于是，我带着他们用"六项思考

帽"又进行了一次决策。

我戴上蓝色思考帽,然后让他们依次戴上了红色思考帽和白色思考帽。一些事实、数据以及直觉思维都在友好的气氛中交流着。会议很快就进入了黑色思考帽的环节,在戴上黑色思考帽之后,大家一开始都不发言。于是我就规定所有与会成员每个人一定要想到至少一条负面因素。

过了一会儿,有个人说:"100碗面对后厨的压力可不小,如果赶上高峰期,很有可能影响其他顾客的就餐时间。"

有一自然有二,第二个人很快也站了起来,说:"要是来了一群乞丐怎么办?这会严重影响门店的形象。"

第三个声音响起:"如果每天来的都是同样的100个人该如何是好?这样根本起不到宣传的效果。"

还有一个人说:"不要小看100碗面,这个成本也不少,店铺前期送面肯定是赔本赚吆喝,不知道能坚持多久。如果我们每天给大家发面,突然有一天不发了,会不会引起大家的不满?这对店铺的名誉也不利。"

听到大家提出的种种问题,出主意的人说自己确实没有思考周全,打算放弃。

我笑着对他摇摇手,让所有人都带上绿色思考帽,想一下这些问题的解决办法。

第一个人说："我们可以在早上10点到11点之间发放这100碗面，这样就不会跟中午的高峰期冲突。"

第二个人说："我们可以不在店里宣传，改在互联网和微信上宣传，这样乞丐就不会来了。"

第三个人说："我们还可以学习国外的'墙上咖啡'，做'墙上拉面'。"（"墙上咖啡"的流程是：一个人可以买两杯咖啡，其中一杯自己喝，另一杯挂在墙上。如果店里进来一个想喝咖啡却没带钱的人，就可以喝到别人买的咖啡了。"墙上拉面"的方式与之类似，就是将其他人买好的拉面挂在墙上，供没钱的人享用，减少店里的经营成本。）

在群策群力下，团队拿出了最终的决策方案：慈善拉面的发放时间定为上午10点到11点，发放渠道是互联网和微信，发送方式为"墙上拉面"。

在很多团队会议中，团队成员被迫接受管理者既定的思维模式，限制了个人的思维和团队的整体配合度，不能有效解决问题。而在运用"六顶思考帽"决策模式后，团队成员不再局限于某种单一思维模式，而且"思考帽"代表的是角色分类，是一种思维要求，而不是扮演者本人。"六顶思考帽"所代表的六种思维角色，几乎涵盖了集体思维的整个过程，有助于团队管理者做出最正确的决策。